LIFE'S TOO F***ING SHORT

Stop NU met onzinnige
dingen en zet JOUW leven
naar je EIGEN hand

JANET STREET-PORTER

UNIEBOEK

TER HERINNERING AAN DAINTON

Met dank aan Peter, Neil, Emma en al mijn geduldige vrienden.

Oorspronkelijke titel: life's too f***ing short
© 2008 Quadrille Publishing Limited
Tekst © 2008 Janet Street-Porter
Ontwerp en lay-out © 2008 Quadrille Publishing Limited

Beeldredactie: Paul Babb
Originele foto's: Paul en Anne Babb, Janet Street-Porter
Illustraties oefeningen en papieren aankleedpop: Bridget Bodoano
Oefeningen: Jonathan Parker

De uitgever wil graag Adrian George bedanken.

2008 Nederlandse vertaling Unieboek bv,
Postbus 97, 3990 DW Houten
www.unieboek.nl

Vertaling: Karien Gommers
Omslagontwerp: Teo van Gerwen - Design
Opmaak binnenwerk: Teo van Gerwen - Design
Uitgever: Yvonne van Gestel
Redacteur: Jantine Crezée
Bureauredacteur: Suzanne de Haas

ISBN 978 90 475 0677 5
NUR 450

LIFE'S TOO F***ING SHORT...

LIFE'S TOO F***ING SHORT...
om te somberen over
* JE LEEFTIJD (40+)
* JE VRIENDEN (GEEN)
* JE BANKREKENING (BLUT)

Ik geloof in de kracht van positief denken. En niet in 'geluk hebben'. Sterker, ik heb een hekel aan die uitdrukking, vooral wanneer je te regelmatig te horen krijgt dat je 'wel erg veel geluk hebt gehad in je carrière'. Dat is gewoon niet zo. We moeten twee keer zo hard werken als mannen om op te vallen en alle onderdelen van ons leven gesmeerd te laten lopen. Dáárvoor worden we beloond. Als we promotie of salarisverhoging krijgen, is dat het gevolg van

Het heeft geen zin om hier gefrustreerd of verbitterd over te zijn. Het is nu eenmaal zo. Evenmin heeft het zin om tijdschriften te lezen die je het gevoel geven dat je eigen leven wel heel bleekjes afsteekt bij dat van *celebrity's*. Maar wees nu 'ns eerlijk: zou jij het leuk vinden om gefotografeerd te worden telkens wanneer je de vuilnisbak buiten zet of een krantje gaat kopen? Vind jij het leuk om journalisten te vertellen hoeveel de verbouwing van je neus heeft gekost? Of dat je beste vrienden allemaal homo zijn, je werkster uit de Oekraïne komt en je nooit van je leven kinderen zult kunnen krijgen? Dat soort details? Sommige beroemdheden zijn zo verslaafd aan roem dat ze ons – het publiek – bij alles wat ze doen en denken willen betrekken. Of ze klagen over hun gebrek aan privacy, terwijl ze ons vanaf ongeveer elke reclamezuil met een stralende glimlach alles variërend van eyeliners tot handtassen proberen aan te smeren. Reclamewerk waarmee ze miljoenen verdienen.

Sinds mijn optreden in *I'm a Celebrity…* word ik overal herkend. Prima. Kan me niets schelen. Ik heb er lekker mee verdiend en veel geld kunnen inzamelen voor liefdadigheidsdoelen. Ik ga niet lopen zeuren over mensen die de inhoud van mijn karretje in de supermarkt controleren (ja, ik koop toiletpapier omdat ik, net als iedereen, ook wel eens naar de wc moet), of klagen omdat iemand op het vliegveld mijn naam roept. Ik word niet eens kwaad als bouwvakkers me vanaf een steiger toe schreeuwen en mijn accent imiteren. Tenslotte zijn zij zielige, dikke kerels die in de kou op een steiger moeten staan, terwijl ik lekker word rondgereden in een door een filmmaatschappij betaalde taxi. Als ze ook maar een klein beetje konden imiteren, waren ze wel bekend van radio en tv en hoefden ze niet de godganse dag stenen op elkaar te zetten of kozijnen te plaatsen.

Dat ik een boek als dit kan schrijven komt omdat ik er als kind vreselijk uitzag. Ik had grote, vooruitstekende tanden, een bril met jampotglazen en duf haar. Ik was het meisje dat nooit een vriendje had op school, als laatste van de klas een beha ging dragen, het meisje dat door anderen in de kleedkamer na de gymles *lesbo* werd genoemd. Van buiten kwam ik misschien onzeker en onhandig over, vanbinnen wist ik dat ik bijzonder en anders was. Ik ben altijd erg zelfbewust geweest, ook al was ik door mijn uiterlijk en accent behoorlijk onzeker. Daarbij komt nog dat ik vanaf het moment dat ik op de radio en later op tv was door de critici steevast werd afgebrand. Maar in plaats van me eronder te laten krijgen, heeft het me alleen maar sterker gemaakt.

DOORZIE DE ONZIN
DIE DAGELIJKS OVER JE WORDT UITGESTORT

Van alle kanten krijgen we ongevraagd advies, variërend van mode- en beautyjournalisten tot bekende sterren in binnen- en buitenland. Kranten en tijdschriften staan bol van de tips over wat je moet eten en hoe je moet leven. Over van alles en nog wat worden we door columnisten, levensgoeroes en andere deskundigen geadviseerd. Het resultaat is dat je na het lezen van de weekendkranten plus alle bijlagen door de bomen het bos niet meer ziet.

Er heeft zich een immense industrie ontwikkeld die beweert vrouwen te helpen maar volgens mij het tegenovergestelde doet.

Hoe vaak heb je onder de telefoon of een vaas niet een stapeltje krantenknipsels met 'handige adresjes' gevonden? Geloof me, je kunt de hele week achter de computer doorbrengen om vrienden te maken, biologische producten te bestellen of designerkleding te bekijken. Je kunt een halve dag per week (én een hoop geld) besteden aan de laatste schoonheidsbehandeling om het onvermijdelijke verouderingsproces af te wenden. Je kunt het hele land af rijden op zoek naar organische, met de hand geteelde ingrediënten om het volmaakte dineetje op tafel te zetten. **MAAR JE KUNT OOK GEWOON LEVEN.** Ik probeer af te kicken van de gewoonte om knipsels te verzamelen waarop vermeld staat waar je de 'beste gezichtsbehandeling' krijgt, waar je de lekkerste 'verse pasta' kunt kopen of waar 'de mooiste jeans voor elk figuur' te koop is.

WANTROUW ZOGENAAMDE DESKUNDIGEN

Vroeger waren deskundigen mensen met diploma's en certificaten. Tegenwoordig dringen allerlei goeroes zich aan ons op die overal in gespecialiseerd zijn, van iris-lezen tot het vaststellen van de conditie van onze dikke darm. Je kunt de opvoedte-lefoon bellen, je kunt eco-accountants, feng-shui-experts en garderobeadviseurs om advies vragen. Je kunt zelfs iemand bij je langs laten komen om je huis te laten ont-rommelen en al je troep in vuilniszakken te stoppen. Een heerlijk idee om te weten dat er een heel legertje mensen klaarstaat dat voor een pittig bedrag mijn leven op orde brengt en mij van mijn stress verlost. Maar natuurlijk is het allemaal klinkklare nonsens...

Onlangs las ik een artikel, getiteld *Hoe word ik gelukkig?*. Kennelijk bestaat er een formule voor. $G = B+O+K$, waarbij G voor Geluk staat, B voor het biolo-gische stadium waarin je je gelukkig voelt, O voor je levensomstandigheden en K voor de keuzes die je maakt. Kun je het volgen? Ik niet. Vooral niet toen de schrij-ver van het artikel begon over de perfecte omstandigheden voor geluk, namelijk Stilte, Relaties en Delen. TJONGE, DAT WISTEN WE NOG NIET! Natuurlijk is het belangrijk om in je leven tijd voor reflectie te nemen, maar bepaalde geluiden (muziek bijvoorbeeld) kunnen je gelukkig maken en je humeur verbeteren. Relaties – tja, een goede relatie is ideaal, maar ken jij iemand die níét af en toe relatieproblemen heeft? Het verstandigste is om je leven niet te laten domineren door relaties. Laat ze niet te diep toe in je innerlijk. Delen – dat lijkt me duidelijk, maar het is een klein stapje tussen delen en leeggezogen worden. Na lezing van dit deskundige artikel was ik boos dat ik tien minuten had verspild om een theorie te doorgronden die vol met gaten bleek te zitten. Uiteindelijk komt het erop neer dat het geluk in jezelf zit. **Als je ongelukkig bent, kun je er alleen zélf iets aan doen** en denk niet dat een deskundige, je vriendje, een pilletje, een of andere alternatieve therapie, laat staan een gezichtscrème, je daarbij kan helpen.

Over therapieën gesproken: ik las laatst iets over cryotherapie, waarbij je jezelf in een tot -60 °C afgekoeld compartiment moet opsluiten – dat is zes keer kouder dan de temperatuur in een gewone vrieskist! Deze therapie zou al onze lichaamsfuncties stimuleren, de bloedsomloop verbeteren en de weerstand verhogen. Volgens de schrijver zou de therapie ook goed voor de huid zijn en 'melkzuur en giftige stoffen afvoeren'. GELOOF JIJ 'T? Een 'holistische' arts beweerde dat door middel van cryotherapie 'het latente genezend vermogen van ons lichaam onmiddellijk wordt gereactiveerd'. Een woordvoerder van de British Medical Association zei desgevraagd het niet onwaarschijnlijk te achten dat dergelijke lage temperaturen heel wat neveneffecten hebben.

ALS JE DE LARIEKOEK DIE TEGEN-WOORDIG IN VROUWENBLADEN VOOR INFORMATIEF MOET DOOR-GAAN GOED ANALYSEERT, BLIJF JE MET HEEL VEEL VRAGEN ZITTEN.

De BMA-woordvoerder gebruikte de term 'niet onwaarschijnlijk'. En hij had het niet over 'positieve' bijverschijnselen, maar gebruikte de veel algemenere term 'neveneffecten'. De journaliste beweerde dat ze zich 'fantastisch' voelde na de drie minuten durende behandeling, die haar de lieve som van 40 euro had gekost. Er zijn vast massa's alternatieve behandelingen, zoals massage en acupunctuur, waar mensen baat bij hebben, maar ze werken niet voor iedereen. Waar ik bezwaar tegen maak, is het feit dat ze gepresenteerd worden als onbetwistbare waarheden, terwijl ze vaak alleen bedoeld zijn om ons geld uit de zak te kloppen.

De hoeveelheid schoonheidsproducten en therapieën die ons worden aangeboden loopt de spuigaten uit. En wat is het resultaat van die overdaad aan keuzemogelijkheden? Drie kwart van alle vrouwen tussen de dertig en veertig beweert dat ze al blij zijn als ze zes uur slaap per nacht krijgen. Velen klagen over voortdurende vermoeidheid. Uit een onderzoek is gebleken dat niet minder dan 95 procent van de vrouwen boven de dertig altijd moe is en dat slechts één op de twaalf een fatsoenlijk ontbijt nuttigt. De rest snackt zich door de dag heen. Steeds meer vrouwen krijgen last van hoofdpijn, eczeem, borstinfecties en hartritmestoornissen – allemaal signalen die wijzen op een stressvol leven.

Het leven is echt te kort voor stress.

OP DE EEN OF ANDERE MANIER MOETEN WE DE KWALITEIT VAN **ONS LEVEN** VERBETEREN. WE MOETEN PRIORITEITEN STELLEN, BEPAALDE DINGEN GEWOON NIET MEER DOEN EN TIJD VOOR ONSZELF VRIJMAKEN.

Vrouwen lijken tegenwoordig alles te willen, waardoor uiteindelijk hun gezondheid in het gedrang komt. Je kunt je geld heel gemakkelijk uitgeven aan snelle oplossingen zoals een schoonheidsbehandeling, maar wat je eigenlijk nodig hebt is een radicale verandering van denken.

DE BELANGRIJKSTE PERSOON IN JE LEVEN – DEGENE DIE DE REGELS BEPAALT, DE AGENDA OPSTELT, DE GEESTELIJKE EN LICHAMELIJKE BALLAST OPRUIMT – **BEN JIJ.**

ALS JE WAKKER WORDT, BLIJF DAN TWEE MINUTEN RUSTIG LIGGEN.

Herhaal hardop:

IK BEN FANTASTISCH

IK BEN GEWELDIG

IK BEN NUMMER 1

IK BEN UNIEK

IK HOU VAN MEZELF

IK BEN DE MOEITE WAARD

IK BEN BUITENGEWOON INTELLIGENT WAT ANDEREN ER OOK VAN MOGEN ZEGGEN.

Het is echt heel belangrijk dat je dit doet. Neem van mij aan dat je dit de komende vierentwintig uur van niemand anders te horen zult krijgen. Mezelf waarderen is het belangrijkste wat ik door de jaren heen heb geleerd. Niemand heeft me ooit een gunst verleend. Niemand heeft me ooit uit medelijden een flinke zet in de goede richting gegeven. Ik heb het allemaal zelf gedaan. Door in mezelf te geloven.

MAAK ELKE AVOND VOOR HET SLAPEN GAAN EEN LIJSTJE

Zet er niet meer dan vijf of zes punten op – méér zou onrealistisch zijn. Zorg per dag voor aantal haalbare doelen. Je mag slechts een paar punten overhevelen naar het lijstje van de volgende dag. Beslis ook waaraan en aan wie je nooit meer tijd verspilt. Neem tijd voor jezelf!

HOEVEEL TIJD HOU JE WEL NIET OVER ALS JE DENKT AAN:

- de mensen die je niet gaat terugbellen ✔
- de boeken die je toch nooit zult lezen ✔
- de familieleden met wie je alle banden voorgoed verbreekt ✔
- de gerechten die je niet meer zult klaarmaken ✔
- de man(nen) op wie je niet meer zult wachten ✔
- de kleren die je niet zult kopen ✔
- de spullen die je niet nodig hebt ✔
- het saaie baantje waaraan je niet langer vast wilt zitten ✔

Maak elke week tijd vrij voor iets wat je wel graag doet: sla kweken op de vensterbank, een avondcursus, een wandelclub of een nieuwe taal leren. Of plan een actieve vakantie met mensen die je niet kent. Hopelijk is dit boek een goede inspiratiebron. Stel je eigen regels op en hou je eraan. Succes!

unpromising raw material!

LIFE'S TOO F***ING SHORT... OM 100 EURO AAN DAG-CRÈME UIT TE GEVEN

thin me 1997 never achieved since

- Luister niet naar beautyjournalisten
- Haal het beste uit jezelf
- Zoek een goede kapper

Waarom hebben intelligente vrouwen planken vol met potjes bedorven make-up?

Waarom liegen zogenaamde beautyjournalisten dat het gedrukt staat?

Waarom zijn de meeste dure gezichtcrèmes pure geldverspilling?

Waarom praat iedereen elkaar plastische chirurgie aan?

Waarom zou je je iets aantrekken van de schoonheidstips van beroemdheden?

WAAROM? WAAROM?

ALS ER IN DE BEAUTY-INDUSTRIE EVEN GRONDIGE CONTROLES ZOUDEN WORDEN UITGEVOERD ALS IN DE AUTO- EN VOEDINGSMIDDELENBRANCHE, ZOU DE BEDRIJFSTAK METEEN KUNNEN SLUITEN.

Bestaat er trouwens nog een andere bedrijfstak die voor 100 procent is gebaseerd op *wishful thinking*? Terwijl negen op de tien vrouwen ontevreden zijn over hun lichaam, geloven vier van de vijf vrouwen dat een of andere wonderdokter in een laboratorium een crème kan brouwen die het verouderingsproces afremt, rimpels uitgumt, hangkinnen strak trekt en tien jaar van ons uiterlijk afhaalt, maar natuurlijk op voorwaarde dat we de crème dag in dag uit braaf op ons gezicht smeren. ZO'N CRÈME IS ER NIET EN ZAL ER WAAR-SCHIJNLIJK NOOIT KOMEN. Terwijl er misschien massa's regels en bepalingen zijn waaraan de producten die we op onze huid smeren moeten voldoen om geen schade aan te richten, is er geen enkele garantie dat de producten doen wat ze beloven. De voedingsindustrie hangt van regeltjes aan elkaar: onlangs moest het dieetmargarinemerk Flora de tekst van de reclame zodanig veranderen dat de cholesterolverlagende werking van het product slechts genoemd mag worden in combinatie met een gezonde leefstijl van bewegen en afvallen. Dat soort strenge regels schijnt niet van toepassing te zijn op de krankzinnige beloften die ons in de reclame voor verjongingscrèmes en anticellulitusgel worden gedaan.

Vanaf mijn elfde heb ik gebeden om een mooier uiterlijk.

Wie niet? Gezien het genetisch materiaal dat ik bij mijn geboorte heb meegekregen is het niet verwonderlijk dat ik me doodongelukkig voelde wanneer ik in de spiegel keek. Ik had grote, vooruitstekende tanden, een ziekenfondsbrilletje met jampotglazen, lange, stakerige benen, een platte boezem en sluik peper- en zouthaar zonder ook maar één leuke krul of interessante golf.

Toen ik nog jong was, scheurde mijn moeder oude lakens in repen en draaide die elke avond voor het slapen gaan in mijn haren. Ik deed geen oog meer dicht, want het voelde alsof ik op een zak knikkers lag. Elke ochtend maakte mijn moeder de katoenen windsels los en – hocus pocus pilatus pas! – mijn haar hing weer even sluik omlaag maar dan wél met een vreemde knik halverwege.

Op mijn veertiende droomde ik van blond haar, maar helaas was geverfd haar op mijn school verboden. In mijn wanhoop zag ik dat de nieuwe merken tandpasta adverteerden met de kreet 'met extra peroxide'. Ik zat dus in de klas met onder de bank EEN TUBE TANDPASTA IN MIJN HAND en WREEF UREN ACHTER EL-KAAR KLODDERS COLGATE IN MIJN HAREN. Na een paar weken leek mijn haar op samengeklitte dreadlocks en toen ik de rommel eruit waste, had ik weer hetzelfde saaie haar als voor de tandpastabehandeling. Ik werd er niet vrolijk van.

Daarna kocht ik een spray waarmee je je haren zilver kon verven. Dat deed ik telkens wanneer ik ging stappen. Je moest er niet aankomen want dan vloog het spul er meteen af, maar zolang niemand aan mijn hoofd zat, was er niets aan de hand.

Ik heb een keer nepnagels geprobeerd, maar schaamde me dood toen ze tijdens een dans met een leuke vent ineens als klauwen van een roofvogel in zijn hand lagen. Ik heb fantastische valse wimpers gehad,

maar het lukte me nooit om ze goed vast te plakken zodat ze steeds verder afzakten en uiteindelijk als uitgebluste luxaflex over mijn ogen hingen. Ik heb ooit het bed gedeeld met een bekende kunstenaar nadat hij een lezing had gegeven aan de universiteit van Cambridge. 's Ochtends zag ik mijn valse wimpers als dode harige rupsen op het laken liggen. Ik kon alleen maar hopen dat hij ze niet had gezien.

Door de jaren heen ben ik vaker van kapsel en bril veranderd dan de meeste mensen hun ondergoed verwisselen. Het resultaat was over het algemeen afgrijselijk. Als ik op mijn sterfbed lig, ben ik van plan alle waardeloze kappers aan wie ik mijn geld heb uitgegeven bij elkaar te roepen en ze eens flink de les te lezen. Ik heb roze en oranje haar gehad, ik heb zwart-witte extensions en duffe blonde highlights gehad; ik heb een gele ster in mijn haar laten verven; ik heb ultrakort stekelhaar gehad en het twee jaar later tot op mijn billen laten groeien.

Waarom duurt het twintig jaar en een eindeloze serie misbaksels voordat je het juiste kapsel hebt ontdekt?

Mijn advies luidt: vergeet alles wat je leest over modieuze kapsels. Ze staan niemand. Waarom ik mijn haar ooit zo lang hebben laten groeien is me een raadsel, want ik heb twee linkerhanden als het gaat om opsteken of stylen. Waarschijnlijk durfde ik mijn kapper niet recht in zijn gezicht te zeggen dat ik hem slecht vond knippen, laat staan hem te ontslaan. Omdat het zo zwaar en warm was, heb ik twee jaar rondgelopen met een veerklem in mijn haar. Het bizarre is dat massa's vrouwen precies dezelfde relatie met hun kapper hebben. Je haar is de barometer van je innerlijke onrust. Bijna elke vrouw verstijft van schrik op het moment dat de kapper in je pony begint te knippen. Het is alsof iemand je betrapt wanneer je zonder ondergoed loopt te shoppen… De meeste vrouwen gebruiken hun haar als een flexibele manier om ten minste een derde van hun gezicht te verbergen. Een gekortwiekte pony geeft je een naakt gevoel. In kapsalons vinden echt doorlopend de grootste drama's plaats.

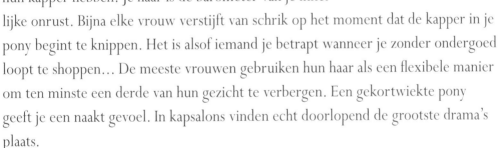

HET LEVEN IS TE KORT OM JE TE LATEN KNIPPEN DOOR IEMAND DIE ER GEEN VERSTAND VAN HEEFT.

Zodra je kapper begint te föhnen, weet je al dat het niks gaat worden. Bij mij staat het zweet in mijn handen en niet lang daarna word ik misselijk. Ik weet niet hoe vaak ik met natte haren een kapsalon ben uitgelopen. Het punt is dat ze je als proefkonijn gebruiken – zíj hoeven niet met het resultaat te leven. Maar meestal kan ze dat geen bal schelen en mag je al blij zijn met 10 procent van hun concentratie. De meeste kappers zijn niet in je geïnteresseerd en al helemaal niet als je niet echt beroemd bent. Als ik voor het eerst naar een kapsalon ga, laat ik mijn haar altijd het liefst föhnen door de allerjongste medewerker. In tegenstelling tot de oude, vaak wat verzuurde stylisten weten zij veel beter wat echt hip is.

DAT EEN KAPPER DE ERGSTE VIJAND VAN EEN VROUW KAN ZIJN BEWIJZEN DE FOTO'S DIE DOOR DE JAREN HEEN VAN MIJ ZIJN GEMAAKT.

Ik ben vrij lang, dus waarom zou ik een ultrakort kapsel willen? Daar komt alleen een broodmager topmodel mee weg. Laat je niks wijsmaken door je kapper. Als je ouder dan 30 en bovengemiddeld lang bent, laat je haar dan nooit kort knippen. Tenzij je maat 34 hebt. Of tenzij je eruit wilt zien als een akela of wasknijper.

Laat ik het nu eens hebben over die spullen die door de kapper 'haarverzorgingsproducten' worden genoemd. Wat is dat eigenlijk allemaal voor smurrie die ze in je haar smeren? MUD, LIFT-UP, ANTI-FRIZZ, RELAXANT, VOLUME CONTROL. Puur bedrog. Uit een recent tijdschriftartikel heb ik de volgende termen verzameld die verwijzen naar producten waarvan je haar dieper gaat glanzen: GELAAGDE GEWICHTLOZE GLANS, VOLUMEGLANS, POLISHING MILK... INTENSE GLANS, OPLICHTENDE

ABRACADABRA

LOTION... PROFESSIONEEL GLANSMASKER... ANTI-AGEING GLANSSERUM... ULTRAGLANZENDE UITSTRALING.

Ben je daar nog? Er zijn serums, gels, maskers, lotions, shampoos en polishes. Allemaal holle woorden, waaruit blijkt de meeste kappers niet weten waarover ze het hebben. Wat je kapper ook allemaal in je haar smeert, thuis zul je die *look* nooit kunnen evenaren. En als je in de kapsalon tot slot ingewikkeld wordt geföhnd of – nog erger – krulspelden krijgt ingedraaid, zul je dat zelf nooit voor elkaar kunnen krijgen.

Alle onzin die kappers beweren over wat ze in je haar smeren, is alleen bedoeld om je – liefst wekelijks – terug te zien in hun zaak.

Weet je trouwens waarom mijn haar zo mooi glanst? Het is geverfd! Ik hoef niet te weten welke duffe grijze kleur er onder die emmer rode plantaardige haarverf zit die er om de drie weken op wordt gekieperd. Een natuurlijke grijze *look* hoeft echt niet voor mij, en dat zou voor elke vrouw van boven de veertig moeten gelden! Maar wanneer zit je haar nu goed?

HEEL SIMPEL.

Het leven is te kort om elke week naar de kapper te gaan – tenzij je geld te veel hebt.

Voor mijn film- en televisiewerk moet mijn haar goed zitten. Het heeft me **DERTIG JAAR** gekost om een aardige, niet-egoïstische kapper te vinden die op zijn scooter bij me langskomt en in recordtijd mijn haar knipt, verft en föhnt. Wat hij ook moge kosten, het is altijd minder dan wanneer je jezelf naar een kapsalon aan de andere kant van Londen moet slepen, waar je voor je koffie en glaasje water moet betalen en moet luisteren naar een graatmager kreng in de stoel naast je die je doorzaagt over haar au pair, haar werkster en haar *nanny*. Tegenwoordig zit mijn haar altijd hetzelfde, week in week uit. Geweldig! Het is zodanig geknipt dat het resultaat, na het wassen en droogwrijven, altijd min of meer gelijk is. Vraag aan een goede kapper die je vertrouwt of hij of zij na je werk bij je thuis of op kantoor langskomt en nodig meteen een paar vriendinnen uit die zich ook willen laten knippen. Zo kan de thuiskapper een leuk bedrag opstrijken en kunnen jullie intussen gezellig iets eten of drinken. Op die manier is een knipbeurt nog leuk ook. O ja, en dit is mijn ultieme tip:

HET LEVEN IS TE KORT OM JE HAAR MEER DAN ÉÉN KEER PER WEEK TE WASSEN.

Toen ik voor een televisieprogramma in de Australische jungle moest bivakkeren, kreeg ik de volgende supertip van mijn kapper: was je haar niet. Drie weken lang heb ik het alleen met koud water besprenkeld om de geur van het kookvuur eruit te spoelen. Haren reinigen zichzelf – en na een paar slappe dagen ging het vanzelf goed zitten en voelde zelfs dikker en steviger aan. Mijn haar ging niet pluizen, de kleur vervaagde niet door de zon – kortom, het zag er goed uit, veel beter dan ikzelf, in mijn afschuwelijk wijde shorts en rode fleece met op de rug de letters 'JSP' en een telefoonnummer. Als ik op vakantie ga of voor mijn werk moet reizen zonder camera's erbij, was ik mijn haar niet vaker dan één keer per week. En ik was het één keer per wasbeurt, met een minimale hoeveelheid shampoo en géén conditioner. Je kunt al die middeltjes in de vuilnisbak gooien – het hoopt zich op in je haar en maakt het slap. Je haar krijgt de kans niet op een natuurlijke manier te vallen. Alleen als ik in een ruimte met rokers ben geweest, was ik mijn haar vaker. Maar dat komt nog maar zelden voor, want roken is bijna overal verboden. En ook toen ik voor *The F-Word* een paar keer in een slachthuis had gefilmd – de geur van vers geslachte vee blijft echt óveral in hangen – heb ik mijn haar vaker moeten wassen.

HET LEVEN IS TE KORT OM EEN VERMOGEN UIT TE GEVEN AAN GEZICHTSCRÈME.

Ik ben 60 en afgezien van een paar vetrollen rond mijn middel ziet mijn huid er nog fantastisch uit – een van de dingen waarvoor ik mijn overleden moeder oprecht dankbaar ben. Ik heb rimpeltjes rond mijn ogen, dikke wallen als ik een avond heb doorgehaald en een uitgezakte kin, maar omdat ik zoveel praat op de televisie, vallen deze kleine gebreken waarschijnlijk niemand op. Elke dag krijg ik wel een complimentje over mijn huid of zegt iemand dat ik er veel jonger uitzie dan ik ben. Maar als ik me ellendig voel, chagrijnig of doodmoe ben, zie ik er echt niet jonger uit dan mijn ware leeftijd!

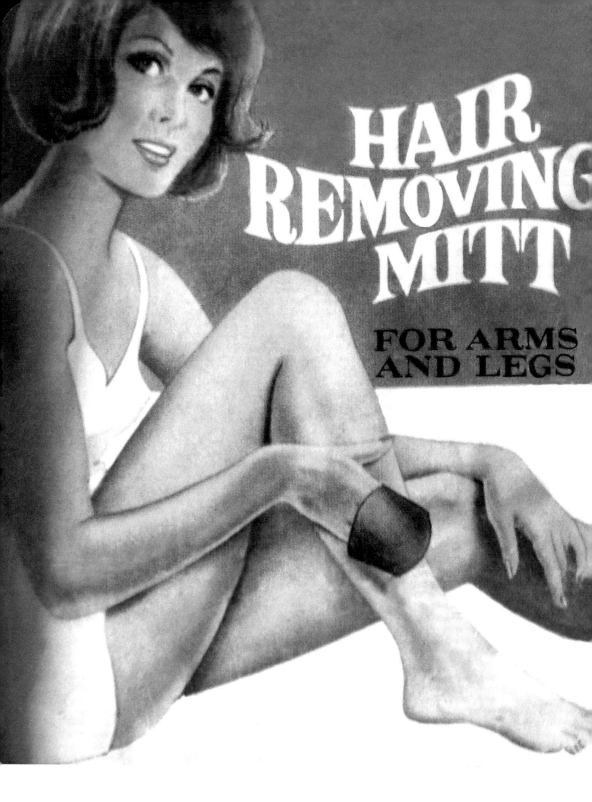

Vrouwen vragen me vaak naar het geheim van een mooie huid. Voor een groot deel is dat natuurlijk genetisch bepaald, maar voor de rest is het recept heel simpel – maar o zo moeilijk vol te houden:

* niet roken
* geen drugs gebruiken
* veel water drinken
* minstens zes uur per nacht slapen
* sunblock gebruiken
* van het leven genieten (van zorgen krijg je rimpels)

Kijk maar naar Camilla, de vrouw van de Engelse kroonprins. Ze is jonger dan ik, maar rond haar mond heeft ze vreselijke rimpeltjes van de tientallen sigaretten die ze jarenlang dagelijks heeft gerookt. Ook al is ze nu gestopt om Charles een plezier te doen, het is te laat; de schade is al aangericht. Hetzelfde geldt voor zonnebaden. Gelukkig heb ik tot ver in de vijftig een bril gedragen zodat de huid rond mijn ogen tegen de wind werd beschermd. Ook droeg ik – en trouwens nog steeds – een zonnebril als het licht te fel was. Dan hoefde ik mijn ogen niet steeds samen te knijpen. Omdat ik mijn ogen heb laten laseren, zijn ze tegenwoordig meer aan weersinvloeden blootgesteld. Ik heb geen bril meer om me achter te verschuilen, maar met mijn rimpels valt het reuze mee.

Geloof de onzin op de tube oog-crème niet. Als je eenmaal rimpels hebt, gaan ze nooit meer weg.

Wat verwacht je eigenlijk van een crème? Dat het als een strijkbout je huid gladtrekt? Om de paar maanden neem ik een gezichtsbehandeling en eerlijk gezegd gaat het me meer om de luxe van het lekker achterover liggen, het epileren van mijn wenkbrauwen en verwijderen van gezichtsbeharing dan dat ik geloof dat ik er na afloop beter uitzie. Van een gezichtsbehandeling krijg je echt niet meteen een betere huid. Maar schoonheidsspecialisten (vaak gewone, werkende meisjes en geen overbetaalde beautyjournalisten die overal gratis spullen krijgen) hebben soms wel heel bruikbare tips. Eén van hen adviseerde me om de dure emulsies af te wisselen met goedkope crèmes, omdat je huid op den duur gewend raakt aan elke crème. Dus gebruik af en toe de dag- en nachtcrème van de Hema of Kruidvat. Ze kosten een paar euro en ik garandeer je dat het effect hetzelfde is als van moisturizers als *Crème de la Mer*, die bijna 100 euro per potje kosten.

VOOR DE HUIDVERZORGING GELDT ÉÉN DING: HOU HET SIMPEL. **STA OP,** WAS JE GEZICHT ELKE DAG MET EEN CRÈME OF REINIGINGSLOTION (SINDS MIJN VEERTIENDE HEB IK MIJN GEZICHT NIET MEER MET ZEEP GEWASSEN), BRENG EEN MOISTURIZER AAN, SMEER WAT CRÈME OF GEL ROND JE OGEN. KLAAR IS KEES.

Elke avond, al ben ik zo dronken als een tor, maak ik mijn gezicht schoon.

Ik smeer er nachtcrème en oogcrème op en ga gestrekt. Eigenlijk is dat het enige wat ik aan mijn uiterlijk doe. Als ik al in de verleiding kom om de antiverouderings-crèmes die ik toegestuurd krijg te gebruiken, weet ik eigenlijk van tevoren al dat de huid rond mijn ogen binnen een week rood uitslaat en gaat jeuken. De zeldzame keren dat ik mijn gezicht door een schoonheidsspecialist heb laten reinigen (scrubben heet dat), deed mijn huid de volgende dag pijn. Na een gezichtsbehandeling zie je vaak ineens vlekjes in gezicht waarvan je niet wist dat je ze had.

Ik gebruik nooit foundation of een dikke laag pancake, alleen een licht getinte dagcrème. **POEDER MAAKT ONTZETTEND OUD ALS JE EENMAAL DE VEERTIG** voorbij bent. Mijn ogen maak ik op met oogschaduw en oogpotlood (alleen voor een feest gebruik ik mascara en eyeliner) en ik heb altijd lipstick op. Dat kost me vijf minuten. **TE VEEL ROMMEL OP JE GEZICHT IS FUNEST VOOR JE HUID.** Als een visagist te veel foundation op mijn gezicht aanbrengt omdat ik er in het felle studiolicht gevlekt uitzie, was ik het er zo vlug mogelijk weer af.

Er wordt een hoop onzin geschreven over het 'hydrateren' van je huid. Wat er ook wordt beweerd, denk maar niet dat je vocht terug in je huid kunt stoppen. Het gebruik van crèmes maakt je huid zachter en vetter, niet vochtiger. Sommige producten bevatten sunblock, dat is ook heel goed. Maar ja, dat klinkt natuurlijk allemaal veel te basic. Laatst schreef een schoonheidsjournaliste over een probleem waar ik in de zestig jaar dat ik leef nog nooit van had gehoord: 'de verouderende werking van metalen in je huid'. Ze beweerde onder meer dat 'de chelaterende stoffen, zoals lactobionzuur en gluconolacton (beide nieuw op de lijst potentieel gevaarlijke stoffen) het ijzer in de opperhuid schijnen te absorberen en zo de oxiderende, en dus verouderende werking te verminderen.' Wie die ONZIN kan volgen, moet wel hoogbegaafd zijn. Het gaat natuurlijk om het woord 'schijnen': de fabrikanten van de crèmes (50 tot 100 euro per pot) die de journaliste beschrijft c.q. promoot, beweren dat ze veroudering van de huid tegengaan, maar de journaliste weet niet of er wetenschappelijk bewijs aan deze absurde theorie ten grondslag ligt. Wist jij dat er zich zware metalen in onze huid schuilhouden die met een dure crème verwijderd moeten worden? En gebruikt iemand buiten de exclusieve wereld van de beautytijdschriften wel eens het woord 'chelatie', dat volgens het woordenboek 'binding van een metaal door een bepaalde organische stof' betekent?

WEG MET DE
WALLEN

Op een ochtend toen ik me totaal uitgeput voelde, heb ik een afspraak gemaakt met een gerenommeerde plastisch chirurg die erom bekendstaat dat hij met een nauwelijks zichtbaar sneetje je wallen kan verwijderen. Hij wierp een blik op me en zei dat ik beter ook maar meteen een totale facelift kon laten doen om mijn uitgezakte kin te redden. Het consult alleen al kostte me bijna 1000 euro en de operatie voor mijn wallen zou op een slordige 9000 euro neerkomen. Na een halfuur praten was ik misselijk van deze neerbuigende man. Een maand later ging ik op vakantie, zonder computer. Ik liet mijn dagelijkse halve fles wijn staan en sliep als een roos. De wallen onder mijn ogen waren meteen een stuk minder en voor de 9000 euro die ik had bespaard liet ik mijn tuin opnieuw inrichten. Ha ha! Als je eenmaal aan de botox begint, is er geen weg terug. Volgens mij is het leeuwendeel van de cosmetische operaties het gevolg van psychische problemen en onzekerheid. Door mijn wallen te laten wegsnijden zou ik heus geen beter seksleven hebben gekregen, waren mijn vetrollen echt niet verdwenen en had ik al helemaal geen beter betaalde baan gekregen. Bovendien was de kans groot dat ik binnen een paar jaar de operatie helemaal opnieuw zou moeten laten uitvoeren.

Facelifts moeten regelmatig opnieuw worden gedaan, zodat je er in no time zult uitzien als een verschrikte goudvis.

Kijk maar naar al die uitdrukkingsloze, rijke Amerikaanse vrouwen. Ze hebben geen oorlellen meer en hun leeftijd kan alleen maar worden vastgesteld door naar de rug van hun handen en de achterkant van hun nek te kijken. Zodra je je gezicht laat opvullen met botox, begeef je je op een heilloze weg. Het is bovendien verslavend. Veel te veel vrouwen denken dat een cosmetische behandeling hun, behalve het puur visuele aspect, ook nog andere voordelen zal opleveren. Je moet sterk in je schoenen staan om er niet aan te toe te geven, vooral nu de kleine ingrepen steeds betaalbaarder worden. Diep in mijn hart geloof ik dat je maar beter kunt accepteren dat je ouder wordt. Een beweeglijk, actief gezicht ziet er nog altijd jonger uit. Bovendien kun je je gezichtsspieren trainen als je denkt dat je kaaklijn daar strakker van wordt – zorg er wél voor dat niemand het ziet.

WE WORDEN OVERSPOELD DOOR ONREALISTISCHE BEELDEN VAN ANDERE VROUWEN, WAARDOOR WE HET GEVOEL HEBBEN DAT WE NIET AAN DE NORM VOLDOEN.

Op mijn bureau ligt een knipsel uit de beautyrubriek van een bekende glossy. De journalist beschrijft een ingreep die de 'ultieme facelift' wordt genoemd en waarvan het eerste consult alleen al 550 euro kost. De behandeling bleek te bestaan uit 'een combinatie van bipolaire radiogolven en optische energie (laser of licht)'. Zo diep zijn we al gezonken! Haar gezicht werd dus (vermoedelijk gratis!) met deze stralen ingeseind, een proces waarbij, volgens haar, 'het weefsel tot 55 °C wordt verwarmd en de collageenproductie wordt gestimuleerd zodat de huid strakker wordt'. Hoe weet ze dat? Er worden vijf behandelingen aanbevolen, dus de behandeling gaat je ruim 2500 euro kosten! De bijbehorende foto laat niet de journaliste in kwestie zien, maar een in zachtblauwe nevel gehulde achttienjarige schoonheid met een albasten huid.

Snap dat nou, meiden – in de wereld van beauty en glossy's is airbrushing en photoshopping aan de orde van de dag. Pure illusie, die de lezeressen alleen maar onzeker maakt. Die perfectie is voor niemand bereikbaar.

We staan allemaal midden in het leven, met lawaaierige kinderen, irritante partners en veeleisende banen. We leven niet in de airbrush-wereld. Het is altijd schrikken als je een beroemdheid in levenden lijve ziet, zoals hij of zij echt is en niet zoals een of andere tijdschriftredacteur hem graag geprojecteerd ziet. Neem Kelly Osborne of Kate Winslet of Carice van Houten – ze zien er allemaal doodnormaal, maar ook buitengewoon aantrekkelijk, uit. En ze hebben bijna allemaal eerlijk toegegeven het niet leuk te vinden om zichzelf zo veranderd terug te zien. Kijk naar de cover van een willekeurig damesblad – het gezicht van het model dat je aanstaart is hoogstwaarschijnlijk door een airbrushtechnicus behandeld, waardoor alle rimpels en wallen nog beter zijn weggewerkt dan met welke dagcrème ook. Het resultaat wordt ons gepresenteerd als de realiteit, iets wat ze zelf zouden moeten nastreven. Ik word er soms misselijk van, want een hele generatie jonge vrouwen groeit op met een totaal verwrongen beeld van hoe hun lichaam en gezicht eruit zou moeten zien. Onlangs zijn twee make-upbedrijven schuldig verklaard vanwege het manipuleren met de feiten over hun mascara. In de advertenties werden valse wimpers en air-brushtechnieken gebruikt. Zo zul je er dus nooit uitzien als je hun producten op je ogen smeert.

Beautyjournalisten – liggen jullie 's nachts nooit wakker?

Verraders zijn jullie! Verraders van jullie seksegenoten!

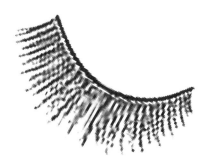

LIFE'S TOO F***ING SHORT...
OM NAAR MAATJE 34 TE STREVEN

- Hoe houd je je gewicht onder controle?
- Hoe doe je ongemerkt aan sport?
- Hoe bereik je het lichaamsgewicht dat bij je past?

<u>Laat ik je meteen uit de droom helpen: geen enkel dieet heeft op de lange termijn effect. Het is inmiddels wel bewezen dat de meeste dikkerds uiteindelijk weer dikkerds worden, ook al vallen ze in het begin van een dieet kilo's af. Het lichaam moet geleidelijk aan nieuwe eetgewoonten wennen en de stofwisseling zal elk opgedrongen strak eetschema tenietdoen. Alle kilo's die je in het begin van een crashdieet afvalt komen er langzaam weer aan – totdat je slechts twee of drie pond lichter bent dan toen je op je allerzwaarst was. Geloof me, ik spreek uit ervaring. Zorg ervoor dat de kilo's er niet geleidelijk aankomen, want naarmate je ouder wordt gaan ze er steeds moeilijker af.</u>

De harde waarheid is dat je lichaamsvorm genetisch bepaald is en niet fundamenteel kan worden veranderd. Toch valt er op bescheiden schaal wel iets aan te doen. De meest radicale oplossing is een hoop geld uitgeven aan een liposuctie. Op de lange termijn is dat echter geen oplossing, omdat het vet er binnen een paar jaar weer aan zit en je dezelfde ingreep – een zware operatie overigens – weer zou moeten ondergaan. Willen we nu echt een lichaam vol littekens en putjes op de plekken waar al die chips en donuts zijn uitgezogen?

Een tweede manier is hetzelfde regime te volgen als Madonna. Zij traint en sport als een beest en let op alles wat ze eet. Met haar gespierde lijf drijft ze de spot met het verouderingsproces. Ze ziet er geweldig uit voor iemand van eind veertig die een paar kinderen heeft gebaard. Ondanks gezichtsbehandelingen en subtiele ingrepen tegen een uitzakkende kin die ze wellicht heeft laten uitvoeren, kun je aan de rug van haar handen zien hoe oud ze in werkelijkheid is. Maar ziet Madonna eruit als iemand die plezier in het leven heeft? Nee toch? Ze voelt de hete adem van rijzende jonge sterren, zoals Amy Whinehouse en Joss Stone in haar nek. Ze is een perfectioniste, die zich voortdurend op haar allerbest wil laten zien. Madonna is nooit ontspannen zichzelf. Ik heb haar een paar keer ontmoet en een keer met haar gegeten. Ze is buitengewoon intelligent, maar heeft totaal geen humor. Eigenlijk leeft ze in een andere wereld dan die van ons, waarin rommel, vreetbuien en af en toe een glas wijn te veel aan de orde van de dag zijn. Haar wereld is strak georganiseerd, op één doel gericht en gedisciplineerd. Daarom is zij honderden miljoenen dollars waard en wij niet. Maar wees eerlijk: is het niet veel leuker om met een vriendin in de kroeg een fles sauvignon blanc soldaat te maken, te lachen en een dikke biefstuk te eten? Of zit je liever achter een kom misosoep en kauw je liever vijftig keer op een hapje gestoomde vis om je achterwerk in model te houden?

Het leven is te kort om elke dag te beginnen met drie partjes grapefruit, een kop zwarte koffie en een handje noten.

DE OPLOSSING VOOR ONZE PROBLEMATISCHE RELA-TIE MET VOEDSEL EN DE GEVOLGEN ERVAN VOOR ONS LICHAAM IS MATIGING EN EEN REALISTISCH BESEF VAN WAT HAALBAAR IS.

Ik ben vaak genoeg in een beautyfarm of spa geweest. Ik heb workshops gedaan om van de drank af te komen, ik heb aan yoga gedaan en lezingen gevolgd over hoe je een slanke dressing maakt. Ik ben ontslakt en geïrrigeerd, ik heb in Turkse baden en sauna's liggen zweten, ik heb me door sadistische schoonheidsspecialisten met steenkoude gel en vulkanische modder laten inpakken in de hoop dat mijn dijen ervan zouden afslanken. De afgelopen twintig jaar heb ik trouw elk dieet in de krant gespeld. OOIT HEB IK EEN HEEL WEEK-END LANG GEVAST, ik heb op verschillende tijdstippen en in verschillende combinaties thee en koffie, suiker, zout, koolhydraten, graan- en zuivelproducten laten staan.

WAAROM IN VREDESNAAM? IN WAT VOOR MYTHISCHE, SLANKE VERSIE VAN JSP DROOMDE IK TE ZULLEN VERANDEREN?

Ik heb kapitalen uitgegeven aan diëtisten en voedingsdeskundigen over wie ik in *Vogue* las en die me vervolgens aanspoorden nog meer geld uit te geven aan allerlei speciale oliën en brouwsels. Op hun advies dronk ik voor elke maaltijd een glas water waarin ik diverse tincturen had gedruppeld. Ze lieten me idiote schema's invullen waarin ik moest opschrijven welke producten ik wél en niet mocht eten. Ze hanteerden lijstjes van 'goede' en 'slechte' soorten groente en fruit. Het enige resultaat van deze eindeloos durende regimes was dat ik voortdurend winden liet en totaal verstopt raakte.

Door de jaren heen ben ik erachter gekomen dat je alleen op een gezond gewicht blijft wanneer je je strikt houdt aan drie maaltijden per dag en zo langzaam mogelijk eet. Wat je ook probeert, uiteindelijk zul je merken **DAT EEN EXTREEM DIEET NIET WERKT.**

Het is pure tijdverspilling.

Veel vrouwen (maar ook mannen) voelen zich opgejaagd door de beelden van de lichamelijke perfectie waaraan ze denken te moeten voldoen. Waarom eigenlijk? De meeste modellen in de glossy's zijn ofwel tieners die zich de dure kleding waarin de moderedactie hen voor de fotosessie heeft gehuld nooit kunnen permitteren, laat staan dat ze die outfits ooit zelf zouden willen dragen. De meeste modellen roken. Ze eten niet meer dan een mini-maaltijd per dag. In levenden lijve zien ze er griezelig mager uit. Veel beroemde vrouwen die constant door de paparazzi worden nagezeten, moeten zo vaak overgeven na het eten van een paar garnalen en tien blaadjes rucola dat ze een vacht beginnen te krijgen. Ja, een vacht! Na al die jaren

van afvallen en overgeven hebben ze geen lichaamsvet meer over en is hun stofwisseling totaal verziekt. Op hun arme gesloopte lichaam vormt zich een vacht om hen warm te houden. Eerlijk waar! Ik ken deze vrouwen van heel dichtbij. Ik heb met hen aan tafel gezeten en wijn gedronken. Het is echt waar! Ze hebben BE-HAARDE ARMEN. De vrouw van een beroemde voetballer heeft ze, een paar schatrijke topmodellen hebben ze en ook een graatmagere televisiepresentatrice heeft ze. De armen van deze vrouwen zijn werkelijk bedekt met een laagje dons, waardoor onmiddellijk duidelijk wordt hoeveel schade ze zichzelf hebben aangedaan door zich in een jurkje te willen persen dat eigenlijk voor een kind van acht jaar gemaakt is. Hun hoofden lijken veel te groot voor hun lichaam. Ze hebben geen vet op de achterkant van hun schouders. Het is te erg voor woorden.

Een van de moeilijkste dingen om te accepteren is het feit dat er grenzen zijn aan je eigen lichaam. Tot mijn veertigste was ik extreem mager voor iemand met mijn lengte – net als mijn vader en moeder. Ik ben in de jaren tachtig begonnen met joggen, maar ben meteen gestopt toen ik last kreeg van mijn tussenwervelschijven. Daarna heb ik een televisieserie gemaakt waarvoor ik zeer lange afstanden moest lopen, dag in dag uit. Voor een ander programma heb ik over alle bergketens in Wales gelopen, in totaal bijna 500 kilometer. Het eindresultaat was dat mijn

heupgewrichten een paar keer operatief schoongemaakt moesten worden. Gelukkig hoefde ik geen nieuwe heupen. De afgelopen twintig jaar heb ik regelmatig aan sport gedaan, maar pas sinds een paar jaar ben ik dikker geworden, omdat ik last kreeg van kleine blessures aan de heupen en schouders. Ik zou graag anders willen, maar meer dan een paar pond afvallen lukt niet omdat ik het te druk heb en niet in uithongeren geloof.

PROBEER NIET EXTREEM TE VERMAGEREN. EÉN CONFECTIEMAATJE MINDER IS MEER DAN GENOEG.

Mannen begrijpen niet dat vrouwen zo mager willen zijn als Victoria Beckham. Ze vinden haar er bizar uitzien. Mannen houden van vrouwen met vormen. Ze snappen niets van onze obsessie met een platte buik. Vrouwen hebben nooit een platte buik gehad, behalve wanneer ze een korset droegen. Een platte buik bereik je niet door op dieet te gaan, alleen door jezelf uit te hongeren.

Het leven is te kort om elke ochtend een halfuur sit-ups te doen. Leer de sterke punten van je lichaam te benadrukken en de zwakke punten te camoufleren.

De oefeningen die ik doe zijn bedoeld om fit en lenig te blijven, niet om het lichaam van een atleet of de buik van een topmodel te krijgen. Natuurlijk wil je gespierde armen en benen, natuurlijk wil je je elke dag energiek voelen. Maar denk niet dat je de vetrollen eraf krijgt, die al jaren om je middel zitten. Je kunt ze wel laten slinken door regelmatig oefeningen te doen en gevarieerd te eten, maar verdwijnen doen ze niet.

ALLE BEAUTYJOURNALISTEN WORDEN BETAALD VOOR DE PRODUCTEN WAARVOOR ZE RECLAME MAKEN. ZE KRIJGEN GRATIS REISJES NAAR KUUROORDEN, WAARVAN ZE BEWEREN DAT JE ER ALS HERBOREN VANDAAN KOMT. **DAT IS NIET WAAR!** ZE BEWEREN ZELFS DAT ANTICELLULITISCRÈME ECHT WERKT. **PURE NONSENS!**

Een mooi lichaam straal je uit, het is een mentale kwestie. Je kunt er fantastisch uitzien als je maat 46 hebt en blaakt van zelfvertrouwen. Je hoeft Christina Aguillera niet te imiteren en een maat 36-jurkje te dragen. Als mannen een hekel hebben aan broodmagere vrouwen, waarom willen zoveel vrouwen dan toch slank zijn? Je moet jezelf op de eerste plaats stellen. Je moet datgene eten waarvan je voldoende energie krijgt om je leven te kunnen leiden, zonder honger te lijden. Belangrijker nog is dat je van eten geniet.

Maak van eten geen vijand

Ook is het van belang dat je elke dag een uurtje vrijmaakt om te bewegen. Hoe je dat moet doen, leg ik later uit.

HET GEEN-DIEET DIEET

Stel een weekmenu samen voordat je boodschappen gaat doen. Eén keer per week levensmiddelen inslaan is het verstandigst. Ik begin elke dag met een glas warm water, soms wel meer dan een, met een schijfje citroen erin.

ONTBIJT: mijn ontbijt is elke ochtend hetzelfde en bestaat uit een grote kom fruit (aardbeien, frambozen, granaatappelpitten, bosbessen, stukjes appel) met een flinke scheut magere yoghurt eroverheen. Als ik last heb van constipatie, doe ik er een paar eetlepels muesli bij. Ik drink een kop koffie zonder melk of suiker. In de winter eet ik havermout. Die maak ik binnen vijf minuten en ik kan er tot de lunch op teren. Ik maak hem zonder zout, suiker en melk, alleen water; strooi er een handje bessen over en dat is alles.

In het weekend ontbijt ik 'normaal'. Ik neem dan roerei, champignons, een beetje bacon. Eén sneetje toast. Of een croissantje. Met jam. Het is mijn beloning voor alle sobere doordeweekse ontbijtjes.

HET LEVEN IS TE KORT OM NOOIT MEER UITGEBREID TE ONTBIJTEN.

LUNCH: een salade. Als ik op mijn werk ben, haal ik er een of ik neem er een mee in een plastic lunchtrommel. Ik hou van koude kip, zalm of gerookte forel, groene salade met een dressing van olie en azijn, geen brood. Of ik neem kikker-erwten of linzen (uitgelekt, uit een blik) met een chili-dressing. Overdag drink ik rooibosthee zonder suiker.

DINER: twee of drie keer per week (niet vaker!) rood vlees. Kip mag wel vaker. Wild (fazant, patrijs) is heerlijk en gegrilde (vette!) vis is bovendien lekker en gezond. Ik eet slechts een keer per week pasta. Verder verorber ik massa's groenten, vooral kool, broccoli, sperziebonen en doperwten. Ik ben dol op groene groente. Ik probeer niet te veel kaas en zelden boter of slagroom te eten.

NOU, DAT IS HET DAN. Ik zou best vijf kilo minder willen wegen, maar als je eenmaal de vijftig gepasseerd bent kun je er door afvallen veel ouder en rimpeliger gaan uitzien. Ik heb liever een extra vetrol om mijn middel dan dat mijn huid om mijn gezicht slobbert. Dat is de harde keuze die ik moest maken. Bovendien geeft koken en eten me hetzelfde geluksgevoel als seks, en dat wil toch wat zeggen.

AFVALLEN
39

Waarom zou je je zelf dingen ontzeggen waar je plezier aan beleeft! Je bent toch geen masochist?

Elke dag krijg ik te horen dat ik er zo goed uitzie voor mijn leeftijd. Ik ben ervan overtuigd dat dat een mentale kwestie is. Ik ben vroeger een stuk slanker geweest maar ook ongelukkiger. **VOLG NOOIT EEN DIEET WAARVAN JE SOMBER EN FUTLOOS WORDT.**

Door al je boodschappen één keer per week te doen, voorkom je dat je vreetbuien krijgt. Als je honger hebt, kun je wat restjes eten. Trakteer jezelf af en toe op een stuk pure chocola, maar doe ten minste een hele week met een reep.

UIT ETEN

Neem 's avonds twee voorgerechten in plaats van een voor- en hoofdgerecht. Bestel nooit een dessert. Neem af en toe een hap van het toetje van iemand anders. Bestel je eerste alcoholische consumptie nooit voor zeven uur 's avonds en drink geen bier, mixdrankjes, sterke drank of priklimonade. Beperk je tot wijn en als je een keer te veel drinkt, halveer de daaropvolgende dagen je dagelijkse wijnquotum. Eet geen chips of zoutjes. Neem in plaats daarvan een paar noten of pitten of rauwkost gedipt in tahin of humus. Ik vraag de ober altijd om het broodmandje van tafel te halen, anders eet ik alles op. Ik probeer voor elk glas wijn een glas water te drinken.

BEPERK HET GEBRUIK VAN SUIKER, ZOUT EN
ANDERE DIKMAKERS

Toen ik in *I'm a Celebrity*… zat, was ik verantwoordelijk voor het eten. Ik verdeelde de porties en zorgde ervoor dat iedereen genoeg had. Het eten moest zonder suiker of zout (we hadden überhaupt geen kruiden) toch op smaak worden gebracht. Ik trok thee van vruchtenschillen en bouillon van de buitenste bladeren van diverse groenten. Suiker heb ik niet gemist, want dat gebruik ik eigenlijk nooit. Je lichaam moet heel langzaam afkicken van verslavende smaakstoffen zoals zout en suiker. Ik ben zelf afgekickt toen ik twintig jaar geleden een lange tocht maakte in de Himalaya. Sindsdien drink mijn thee en koffie zwart en zonder suiker. Ook met boter ben ik gestopt. Ik smeerde een dun laagje jam op mijn toast. In plaats van melk met cornflakes maak ik nu een mengseltje van rijp fruit, havervlokken en noten. **HET IS EVEN WENNEN, MAAR GELEIDELIJK TAAL JE NIET MEER NAAR ZOETIGHEID.** En bedenk dat pure chocola die voor 80 tot 85 procent uit cacao bestaat, veel minder zoet is dat andere chocolasoorten.

Ook hiervoor geldt: wees flexibel. Als ik bij vrienden ben, ga ik mijn regime niet aan hen opleggen, maar pas mijn gewoonten aan. Als ik in hotels logeer, neem ik altijd wat fruit mee voor het geval ze op dat gebied een karig aanbod hebben. Ik neem altijd mijn eigen muesli mee. Aan het eten wat ik overdag consumeer besteed ik zo min mogelijk tijd, maar ik zorg er altijd voor dat ik een stevige, slanke lunch heb klaargemaakt die ik dan meeneem in een plastic trommeltje.

Kant-en-klare sauzen koop ik nooit. Ik heb wel een plank vol blikken linzen, kikkererwten, flageolets en borlottibonen. Allemaal vezelrijke producten. Als ik ineens trek krijg, eet ik een paar stengels bleekselderij. Mijn koelkast zit vol groente en fruit. Je mag jezelf best af en toe trakteren. Bijvoorbeeld op aardappelen en brood, producten die je zeer matig moet gebruiken. Mayonaise is ook iets waarmee je je af en toe mag verwennen, maar zeker niet iets waarmee je elke salade moet doordrenken.

JE PARTNER EN AFVALLEN

Je lichaam slank en fit houden is al lastig genoeg, maar nog moeilijker wordt het als degene met wie je samenwoont er niet in geïnteresseerd is. De mannen in mijn leven kun je in twee categorieën onderverdelen: de uitgezakte lobbesen en de fanatieke conditietijgers. Terwijl ik gezond en slank at, gingen de lobbesen nog meer eten. Met de smoes dat hij de auto ging wassen, sloop een van mijn echtgenoten af en toe de garage in om een sigaar te roken. Op een zondag na een zware lunch dacht ik dat hij last had van ernstige indigestie, maar hij bleek achteraf een hartaanval te hebben gehad! Ook had ik ooit een vriendje – een gitarist – dat elke dag een uur ging hardlopen en alleen maar gestoomde kip met groene groente at. Op het podium zag hij eruit als een bezemsteel. Zelf vond hij dat hij erg gezond leefde. Dat hij af en toe cocaïne snoof en al na vier glazen alcohol onder de tafel lag, telde niet mee, geloof ik. Hij kreeg me aan het joggen. Na een paar maanden was ik ongeveer vijf kilo kwijt. Maar eigenlijk heb ik niet de geschikte bouw om hard te lopen en omdat ik hem probeerde bij te houden, kreeg ik last van mijn tussenwervelschijven. De moraal van dit verhaal is: trek je eigen plan en probeer je partner er niet bij te betrekken. HET LEVEN IS TE KORT OM ER OOK NOG OP TE LETTEN OF JE PARTNER ZICHZELF NIET DOOD EET, ROOKT OF DRINKT. HET GAAT OM JÓÚ EN WAT JIJ WILT! Zodra je partner ziet dat de kilo's er bij jou afvliegen, weet ik zeker dat hij wél belangstelling krijgt. Misschien gaat hij wel met je meedoen. Mannen willen niet gedwongen worden tot afvallen. Volgens de meeste heteroseksuele mannen is brood gemaakt om er boter op te smeren en is iedereen die magere melk gebruikt een homo. Als je thuis oefeningen doet, zullen ze je hardnekkig negeren; negen op de tien mannen beschouwt dat namelijk als bedreigend. Let er niet op en ga lekker je eigen gang.

WANDELEN IN HET WEEKEND

De beste tijd aan je conditie te werken is het weekend. Ik probeer elke zaterdag en zondag één tot twee uur te wandelen. Ga bij een wandelvereniging of kijk of er bij jou in de buurt wandelingen worden georganiseerd. Leer kaartlezen en koop een boek over rondwandelingen. Wees niet bang om alleen te wandelen, het is een ideale manier om je hoofd leeg te maken en problemen te overdenken. Wandelen is de beste beweging die er is, en dit zeg ik niet omdat ik voorzitter van de *Ramblers Association* was! Mensen die wandelen hebben een gezonde huid, heldere ogen en massa's energie. Je hoeft echt geen dagmars te lopen. Begin met dertig minuten in een normaal tempo. Bouw de afstand langzaam op. Koop kleding waarin je warm en droog blijft. Je zult merken dat je het hele jaar door van wandelen kunt genieten.

EEN UUR PER DAG BEWEGEN ZONDER DAT JE HET MERKT

Koop een paar kleine gewichten van ongeveer drie kilo per stuk. Zelfs grote drogisterijen en warenhuizen hebben ze inmiddels. Schaf een goedkope hometrainer aan, tweedehands via Marktplaats of een advertentie in supermarkt of krant. Of vraag bij de sportschool in de buurt of ze er misschien een van de hand doen. Zet de fiets voor de televisie of in de buurt van een radio. Sta een halfuur eerder op, drink een glas water en fiets terwijl je naar de radio luistert of naar een ontbijtprogramma kijkt. Je zult verbaasd zijn hoe snel die dertig minuten voorbij vliegen. Tijdens het fietsen kun je met de gewichten armoefeningen doen.

Verlaat je kantoor als het lunchtijd is en maak een stevige wandeling van een kwartier. Wandel na je werk in een flink tempo naar de dichtstbijzijnde metro- of bushalte. Loop elke week een iets grotere afstand totdat je in totaal een uur per dag wandelt. 's Avonds laat kun je nog een paar eenvoudige armoefeningen doen terwijl je naar de televisie kijkt. Je kunt ook sit-ups doen terwijl je tv kijkt. Het is volgens mij onmogelijk om elke dag een uur aan één stuk te bewegen. Je moet je sportuurtje in porties opdelen. Ik heb een hekel aan de sportschool. Ik wil überhaupt niet bij een club. Dat voelt als een verplichting. Het leven is te kort om je agenda vol te proppen met afspraken die je toch moet afzeggen, waarover je je vervolgens weer schuldig voelt. Kies een schema dat bij jou past. Elke beroemdheid die beweert twee uur per dag te sporten liegt dat het gedrukt staat. Hebben ze soms niets anders te doen?

LENIG BLIJVEN

Oefeningen om lenig te blijven kun je doen achter je bureau of terwijl je tv kijkt. Ga op een rechte stoel zonder leuningen zitten. Je knieën moeten een rechte hoek maken en je voeten moeten de grond kunnen raken. Je kunt op diverse manieren rekken en strekken, maar voor het gemak en omwille van de veiligheid zal ik hier alleen maar statische strekoefeningen bespreken. Strek de belangrijkste spiergroepen ongeveer 20 tot 30 seconden totdat je een licht onaangenaam gevoel krijgt. Herhaal deze strekoefingen twee of drie keer per week en probeer elke spiergroep vier keer te strekken.

Zittend

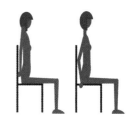

Nek

Draai je hoofd naar je linkerarm (alsof je onder je oksel ruikt). Leg je linkerhand op achterhoofd en duw zachtjes richting oksel totdat je een lichte spanning in je nek voelt. Hou dit 10-30 seconden vol en doe hetzelfde aan de rechterkant.

Schouders en rug

Trek je schouders tot je oren op en hou dit 10-30 seconden vol. Ontspan. Druk je schouderbladen naar elkaar toe, hou maximaal een halve minuut vol en ontspan.

Rug

Strek je armen op schouderhoogte voor je uit. Rond je rug en strek je armen zo ver mogelijk naar voren. Hou dit 10-30 seconden vol.

Armen

Ga zijdelings op de stoel zitten en leg je handen op je onderrug. Probeer met je rechterhand je linkerelleboog vast te pakken en met je linkerhand je rechterelleboog. Als dit niet lukt, laat dan je handen op je onderrug liggen en probeer je ellebogen naar elkaar toe te drukken.

Hamstrings

Ga op de rand van de stoel zitten. Strek je ene been en buig het andere. Hou je rug recht en buig je vanuit je heupen naar voren totdat je een lichte spanning in het gestrekte been voelt. Hou 10-30 seconden vol en herhaal de oefening met het andere been.

Dijen

Ga op de rand van de stoel zitten en sla je rechterbeen over het linker. Draai je romp naar rechts, hou 10-30 seconden vol en herhaal de oefening in omgekeerde richting.

Strekoefeningen voor de tv

Rug
Ga rechtop staan, sla je handen in elkaar en strek ze voor je uit. Probeer je schouderbladen van elkaar af te duwen door je handen tegen elkaar te drukken.

Borst
Zet je arm in een hoek van 90° tegen de muur zodat je hand en onderarm tegen de muur gedrukt zijn. Draai je romp van de muur af zodat je een lichte spanning in je borst voelt. Herhaal aan de andere kant.

Romp
Til je rechterarm boven je hoofd en buig je romp naar links totdat je aan je rechter-flank een lichte strekking voelt. Hou vijf tellen vol en herhaal dit aan de andere kant.

Hamstrings
Leun tegen een muur en zet je voeten 60-90 cm van de muur af. Buig met gestrekte benen voorover totdat je aan de achterkant van je dijen een lichte spanning voelt.

Quads
Zet je rechterhand tegen de muur, buig je rechterknie en pak met je linkerhand je linkervoet beet. Kantel je heupen naar voren totdat je een lichte spanning voelt aan de voorkant van je dijen. Je mag geen pijn in je knie voelen. Hou vijf seconden vol en herhaal met je andere been.

Kuiten
Plaats beide handen tegen de muur. Zet je rechtervoet ongeveer 90 cm achter je linkervoet en druk je handen tegen de muur. Hou je achterste been gestrekt, zodat je een lichte spanning in je kuit voelt. Hou vijf tellen vol en herhaal de oefening met je linkerbeen.

KRACHTTRAINING

Spieren hebben geen smaak, dus kan het ze niks schelen of ze worden belast met gewichten van de supermarkt of de modernste designgewichten van Philip Starck. Als je ze maar belast. Om snel af te vallen moeten de oefeningen meer dan één spiergroep aanspreken, waardoor zowel het hart als de spieren worden gestimuleerd.

Oefeningen zonder hulpmiddelen

Uitstappen
Ga rechtop staan en zet een been in een hoek van 90° vooruit en je andere been op dezelfde manier achterwaarts zonder dat je knie de grond raakt. Hou de knie van je voorste been boven je tenen. Hou twee tellen vol en ga dan weer in de beginpositie staan. Herhaal 10-12 keer. Rust 30 seconden uit en herhaal de oefening met het andere been voor.

Hurken
Gebruik een stoel om op te zitten of doe de oefening staand. Ga rechtop staan en buig je benen in een hoek van 90° alsof je wilt gaan zitten. Zak niet verder door en hou je knieën boven je tenen. Hou twee tellen vol en ga dan weer rechtop staan. Herhaal 10-12 keer.

Push-ups
Ga op handen en knieën zitten; handen onder de schouders, knieën onder het bekken. Hou je romp recht en buig je armen in een hoek van 90° zodat je borst tussen je handen zweeft. Strek dan weer armen en herhaal 10-12 keer. Als je je benen gestrekt houdt, wordt het een volwaardige push-up.

Brug

Ga op je rug liggen met de knieën licht gebogen. Til nu je bekken op. Trek billen in en je navel naar binnen. Hou vijf tellen vol en leg je rug weer neer. Herhaal 10-12 keer.

Rug

Ga op je buik liggen met je voeten op de vloer. Kijk naar beneden terwijl je je billen intrekt en je romp optilt. Duw je schouderbladen naar elkaar toe en hou vijf tellen vol. Ga dan weer op je buik liggen. Herhaal 10-12 keer.

Er zijn allerlei spullen te koop om je te helpen, maar wees verstandig en hou het simpel. Wantrouw apparaten die snelle resultaten beloven; meestal eindigen ze als stofnest of kapstok.

Handige hulpmiddelen:

* Yogamatje
* Lichte gewichten van 1 tot 1,5 kilo
* Oefenelastiek
* Zwitserse bal (oefenbal)
* Springtouw (als je kunt touwtjespringen)
* Goede finessschoenen

Huishoudelijke artikelen die ik handig vind:

* eetkamerstoelen
* keukentrap
* zware boodschappentassen
* zware boeken

- Koop goede ingrediënten
- Hou het simpel
- Plan je maaltijden

LIFE'S TOO F***ING SHORT... OM ALS EEN TV-KOK TE WILLEN KOKEN

Ik ben dol op koken en lekker eten, maar wil mijn leven er niet door laten beheersen. Wat ik op tafel zet, is voedzame, gezonde kost en het smaakt doorgaans heerlijk. Het hoeft er niet als een kunstwerk uit te zien. Ik heb gekookt voor popsterren, acteurs, ultralinkse artiesten, maffe muzikanten en kieskeurige komieken, echtgenoten, minnaars en familie, en allemaal zijn ze het erover eens dat mijn etentjes helemaal top zijn. Dus ik heb het wel in mijn vingers! Als je weinig tijd hebt, hard werkt en ongeduldig bent, volgen hieronder enkele tips hoe je toch een lekkere maaltijd op tafel kunt zetten.

Allereerst moeten we onze relatie ten opzichte van voedsel eens goed onder de loep nemen. Waar is het misgegaan? Wanneer hield eten op een genoegen te zijn en werd het een straf? Sinds wanneer eten we niet meer gezamenlijk? Sinds wanneer zijn we eten onbelangrijk gaan vinden? Tegenwoordig hebben veel vrouwen een moeizame relatie met eten. De meesten zijn op dieet, ze hebben zuivel, graan- en allerlei andere voedingsproducten uit hun menu geschrapt of zijn helemaal in de ban van het laatste tijdschriftartikel dat ze hebben gelezen of de dieettip die ze van iemand hebben gekregen. Waarom?

Eten is een van de laatste simpele genoegens van het leven.

Ga eens op vakantie in Italië en kijk hoe ze daar lunchen. Je zult er nooit een stel chagrijnige vrouwen aan tafel zien zitten die weigeren pasta te eten. Italianen houden van seizoensproducten, die ze lekker en simpel bereiden. De vrouwen nemen misschien kleinere porties en zullen vast geen boter op hun brood smeren, maar ze zijn dol op groente en vis, die meestal zo goed van kwaliteit zijn dat ze weinig nodig hebben om opgepept te worden.

Wat het bereiden en presenteren van gerechten betreft zijn de Engelsen echt verknipt. Er bestaat geen enkel land dat zo weinig vertrouwen heeft in zijn eigen keuken. We hebben geweldige groenten, biologisch vlees, vis in overvloed – allemaal te krijgen op de (boeren)markt in de buurt. Of via het internet als je te beroerd bent om zelf boodschappen te doen. Maar het eerste wat je moet doen als je wilt eten zoals ik – dus ervan genieten in plaats van er een hekel aan hebben – is

AF TE KICKEN VAN DE SUPERMARKT. Wil je écht producten

kopen die in plastic bakjes en folie worden verpakt (terwijl moeder Natuur al heeft gezorgd voor een handige, volkomen afbreekbare verpakking, namelijk de schil), en vervolgens in een karavaan brandstofverslindende vrachtauto's door het hele land moeten worden getransporteerd? Heb je zo'n hekel aan voedsel dat je alleen genetisch gemanipuleerde poppengroenten wilt eten, zoals babymaïs, babyasperges zo dik als een lucifersstokje, balletjes wortel en courgettes waar een muis nog niet genoeg aan heeft?

IK HEB EEN BLOEDHEKEL AAN MINIATUURGROENTE. HET IS GEMAAKT VOOR MENSEN DIE NIET VAN ETEN HOUDEN.

We trekken onze neus op voor groentesoorten die er natuurlijk uitzien: een beetje zanderig, ongewassen en zonder toevoegingen. Naakt in al hun pracht. Die groenten worden in de supermarkt zelfs goedkoper aangeboden. In ruim dertig plaatsen in Nederland worden biologische markten gehouden, en je vindt nog veel meer boerenmarkten, met verse groenten, mooie kazen en knapperig brood. Waar je ook woont, via internet kom je er snel achter waar de dichtstbijzijnde boerenmarkt wordt gehouden.

Je staat echt niet voor gek als je naar de herkomst van je voedsel vraagt. Ten slotte moet al dat voedsel je lichaam in; hetzelfde lichaam waarvoor je honderden euro's aan kleding uitgeeft en waarop je lagen dure crèmes smeert in de hoop eeuwig jong te blijven. Dus waarom zou je níét druk maken van welke boerderij de sla en scharreleieren vandaan komen en wél om wie je schoenen en je shampoo heeft gefabriceerd? Waarom zijn we dol op schoenen van John Galliano of een tas van Prada, bewonderen we het vakmanschap, het mooie stikwerk en de aandacht voor het detail, terwijl we tegelijkertijd bereid zijn een diepvriespizza te eten die vol met geur- en smaakstoffen, chemicaliën en conserveringsmiddelen zit? Als je jezelf belangrijk vindt, vind je eten ook belangrijk. Zo simpel is het. Verander je houding ten opzichte van voedsel. Ga terug naar de basis.

Samen met seks en vriendschap is eten een van de drie belangrijkste dingen in het leven.

Het leven is te kort om slecht te eten, jezelf vol te stoppen met rommel en zonder liefde en aandacht te koken. **Je verdient het om zo gezond mogelijk te eten.**

Kom me niet aan met de smoes dat je geen tijd hebt. Daar trap ik niet in. Als je geen tijd hebt om fatsoenlijk eten te kopen, te erkennen dat niets ontspannener is dan het bereiden van een smakelijke maaltijd, dan is het triest met je gesteld. Ik wil graag weten waar mijn groente en vlees vandaan komen. Ik heb geen huisdieren en geen kinderen, dus alle tijd van de wereld om aan verantwoord voedsel te komen. Maar ook dat is voor iedereen weggelegd.

ZORG ERVOOR DAT JE JE BOODSCHAPPEN RECHT-STREEKS VAN DE BOER OF GROOTHANDELAAR OF VIA HET INTERNET THUISBEZORGD KRIJGT. OF GA EEN KEER PER WEEK NAAR DE MARKT. GA AL-LEEN NAAR DE SUPERMARKT OM SCHOONMAAKPRODUCTEN TE KOPEN. **LAAT JE WIJN THUISBEZORGEN.** KOOP GEEN FLESSEN WATER MEER, MAAR INVESTEER IN FILTERS – WATER IN FLESSEN IS EEN PURE GELD-VERSPILLING EN BOVENDIEN ZIJN DE PLASTIC FLESSEN BE-LASTEND VOOR HET MILIEU.

ALS JE ETERS KRIJGT,
BEDENK DAN EEN WEEK VAN
TEVOREN WAT JE ZE
GAAT VOORSCHOTELEN.
KIES NOOIT IETS
INGEWIKKELDS, WANT JE
VRIENDEN KOMEN
VOOR JÓÚ, EN NIET
OM DE HELE
AVOND NAAR JE
RUG TE KIJKEN
TERWIJL
JE VOOR
HET FORNUIS
STAAT
TE ROEREN
EN TE
BAKKEN.

UIT EN THUIS

Onze tegenzin om thuis te koken is voor een groot deel terug te voeren op de zogenaamde 'revolutie' die het afgelopen decennium op het gebied van buitenshuis eten heeft plaatsgevonden. Tegenwoordig eten we vaker uit dan thuis. En over het algemeen eten we rommel buiten de deur. Het is óf fastfood dat geen voedingswaarde heeft en vol conserveringsmiddelen, zout of suiker en nepsmaken zit. We nemen genoegen met deze armzalige kwaliteit om 'tijd te winnen'. Óf we gaan naar peperdure restaurants waar het eten dat ons wordt voorgezet van een schandalig niveau is, ongeacht wat de culinaire journalisten ervan zeggen. In negen van de tien pubs en restaurants in Groot-Brittannië wordt ondermaats eten geserveerd. Het is voorgekookt, ingevroren en afkomstig uit de fabriek. En dat allemaal omdat we zo weinig vertrouwen hebben in onze eigen kookkunst.

OP SCHOOL WORDT NAUWELIJKS KOOKLES MEER GEGEVEN EN KOOK-BOEKEN ZIJN VERWORDEN TOT EEN SOORT VISUELE PORNO. OM DIE RE-DEN ZIJN VEEL MENSEN HET KOKEN VERLEERD EN NEMEN WE DAG IN DAG UIT GENOEGEN MET SLECHT VOEDSEL.

Hoewel we worden overvoerd met televisieprogramma's over eten en miljoenen kijkers smullen van de capriolen van beroemde televisiekoks, is het niveau van thuis bereid voedsel de afgelopen twintig jaar gedaald. Dat heeft te maken met een gebrek aan zelfvertrouwen, waar de restaurateurs handig op ingespeeld hebben.

In een willekeurig dorpje aan de kust van Italië kun je een café binnenlopen met de vraag wat er die dag op het menu staat. Ze zullen je vertellen over de pasta die ze die ochtend hebben gemaakt, over de vis die ze hebben binnengekregen, over het wild dat door de plaatselijke jagers is geschoten, de rijpe tomaten of de volmaakte buffelmozzarella die ze bij een nabijgelegen boerderij hebben gekocht. En wat hebben wij in Noordwest-Europa? Een plastic menukaart waarop gebakken kabeljauw of kipschnitzel met friet en een bakje groen wordt aangeboden. PURE VOEDSELMISHANDELING. IK BEN EEN AANTAL JAREN CULINAIR RECENSENT VAN VOGUE GEWEEST EN NOG NOOIT HEB IK ME DOOR ZOVEEL PRETENTIEUZE BLABLA HEEN MOETEN WORSTELEN!

Waarom willen moderne chefs toch altijd van die idiote piramides op ons bord bouwen? Of van die vervaarlijke bouwwerken met een kunstige waaier van bieslooksprietjes erbovenop? En waarom serveren ze ons hun gerechten in reusachtige, oerlelijke pispotten, afkomstig uit een of ander dickensiaans weeshuis? Hoe vaak heb jij in een restaurant zitten snakken naar je eten en kreeg je een eetbare versie van het operagebouw in Sydney voorgezet? DAT SOORT HAUTE CUISINE IS WAANZIN. Maar toch zitten recensenten, tv-koks en vooral wij, de nederige klanten, braaf te doen alsof het lauwe samenraapseltje op ons bord een grensverleggend, culinair meesterwerkje is. Maar het is gewoon ROTZOOI.

Een andere ergernis aan buitenshuis eten is de pretentieuze taal die door de restaurateurs wordt gebezigd en waarmee ze ons willen doen geloven dat hetgeen ze ons voorschotelen heus wel de exorbitante prijs waard is. De voertaal op onze geboortebewijzen is Engels, tijdens onze huwelijksplechtigheid en onze begrafenis wordt Engels gesproken, maar in de meeste restaurants worden we met een of andere bizarre taal geconfronteerd die geen enkel verband houdt met de realiteit. Een soort Frengels, alsof Frankrijk nog steeds het land is waar je het beste kunt eten, terwijl dat allang niet meer zo is. Op een of andere manier willen pretentieuze

Britse restaurants ons laten weten waar elk ingrediënt vandaan komt, waarschijnlijk om de hoge prijzen te rechtvaardigen. Zo zijn sint-jakobsschelpen met 'een vislijn gevangen' of 'in de oceaan gekweekt'. Tomaten zijn 'zongerijpt' en vijgen 'handge-plukt'. Het zou handiger zijn om onder aan de menukaart in één zin te vermelden dat 'alleen inheemse, biologische producten van de hoogste kwaliteit worden gebruikt'. Maar dat is natuurlijk te saai. De kans is dus groot dat er dingen op de kaart worden vermeld waarvan je geen flauw idee hebt wat het is, zodat de ober zich lekker uit de hoogte kan gedragen en je kan laten voelen dat je op culinair gebied niks voorstelt. Ik bedoel dingen zoals 'pithiviers' of 'financiers' – biscuits, wafels, crêpes, wie kan het een bal schelen wat het is? Al waren het hoeden en petten! Het leven is te kort om jezelf zo te laten vernederen.

BELOOF ME DAT JE NOOIT MEER NAAR EEN RESTAURANT GAAT WAAR ZE JE HEBBEN GETEISTERD MET PIRAMIDES, CULINAIRE LEUTERPRAATJES OF MYSTERIEUZE INGREDIËNTEN EN ZORG DAT JE DE EIGENAAR LAAT WETEN WAAROM JE ER NOOIT MEER TERUGKOMT.

Ik ken maar drie mensen die met liefde over koken en eten schrijven: Simon Hop-kinson, Nigel Slater en Hugh Fearnley-Whittingstall. Je zult hen dus nooit een piramide zien bouwen. Ze gebruiken alleen seizoensproducten, geen tropisch fruit of sugarsnaps die de halve aardbol overgevlogen zijn. Ga eens eten bij Jeremy Lee's Blueprint Café in Londen. Ook daar zul je geen bouwwerkjes op je bord aantreffen, maar heerlijke gerechten van eersteklas ingrediënten. Door de fratsen waarmee we in restaurants worden geconfronteerd, zijn we volkomen ten onrechte gaan denken dat we thuis ook op die manier moeten koken. NIET DOEN!

KOKEN IS LEUK!

Als je thuis gaat koken, moet je om te beginnen vergeten wat je in restaurants hebt gezien en gegeten. Thuis ben jíj de baas, jíj bepaalt wat er op tafel komt. Lees bijvoorbeeld *The Kitchen Diaries* van Nigel Slater. Daar staat in wat je in welk seizoen kunt koken, hoe je kliekjes kunt verwerken en hoe je met een beperkt aantal kwaliteitsproducten een simpele maar smakelijke maaltijd kunt bereiden.

GOEDE GROENTE IS HET HALVE WERK.

Ik ben weer begonnen met een minimoestuin van ongeveer twee vierkante meter. Vroeger had ik een soort volkstuin, maar zo'n grote lap grond wil ik niet meer. Ik kreeg het aan mijn rug en bovendien bleef ik met een overschot aan jam en diepvriesboontjes zitten. Nu teel ik alleen makkelijke gewassen, zoals sla, bonen, rode snijbiet, spinazie, radijsjes en rucola. Ik weiger namelijk om iets te eten wat mijlenver weg is geoogst, doordrenkt is van chemicaliën en in plastic verpakt is. Dit spul kun je zelfs in plantenbakken of in gehalveerde oude buizen telen.

VUL JE KOELKAST MET GOEDE INGREDIËNTEN.

Mijn vuistregel luidt als volgt: vul je koelkast met verse groenten, kruiden en fruit van de beste kwaliteit. Zo eet je thuis altijd gezond. Verder heb ik altijd een voorraadje blikgroenten, zoals peulvruchten en bonen. Het leven is echt te kort om het droge spul te weken (met uitzondering van linzen; die kun je binnen een halfuur op tafel zetten). Ook heb ik tubes harissa, tomatenpuree, pakken pasta, rijst, couscous en bulgur op voorraad. Het enige wat ik verder nog wekelijks aanschaf is goede yoghurt en scharreleieren. Meer niet. Vis en vlees koop ik alleen wanneer ik het dezelfde dag nog wil gebruiken. Op die manier eet je minder vlees en is het altijd vers.

KOOKTIPS

Als er vrienden komen eten, maak ik het liefst een echt goede scharrelkip *klaar. Ik snijd de ruggengraat los, spreid het karkas uit en braad hem in een braadslee met massa's hele knoflooktenen, stukken aardappel in de schil, olijfolie en tijm. Of ik leg de kip in een grote pastapan met een handvol kruiden, selderij, ui en een paar wortels, ik doe er water bij en laat het langzaam aan de kook komen en vervolgens een paar minuten flink doorkoken. Daarna zet ik het vuur laag, dek de pan af met een zware deksel en bedek die met een paar theedoeken om de warmte te bewaren. Ik laat de pan zo een uur staan totdat de kip gepocheerd is. Zowel koud als warm een heerlijk gerecht. Het enige wat je dan nog moet doen is in de blender een beetje mayonaise kloppen. Gebruik hiervoor goede olijfolie en verse scharreleieren. Zolang je de olie er langzaam in laat druppelen, kan er niets misgaan. Serveer de kip met aardappelen die je in de schil aan de kook hebt gebracht en vervolgens afgegoten nog een uur in een gesloten pan in de oven (150 °C) laat garen. Begrijp je een beetje wat ik bedoel? Mijn credo luidt: geen gedoe en geen batterij borrelende pannen op het vuur. Als je geen zin hebt in aardappelen, kun je op dezelfde manier rijst klaarmaken, dus vanaf het kookpunt langzaam in de oven laten garen en er vervolgens geroosterde noten of rozijnen doorheen roeren.*

Als voorgerecht neem ik soms een grote schaal (bij Ikea heb ik ooit voor nog geen zes euro een metalen dienblad gekocht dat hiervoor heel goed geschikt is) waarop ik allerlei op soort gerangschikte slablaadjes leg; *op een andere schaal leg ik ansjovis, stukjes tomaat en een paar hardgekookte eieren met gehakte bladpeterselie. Ik zet een fles olijfolie, een potje mosterd en een fles witte balsamico-azijn op tafel en laat iedereen zijn eigen salade maken.*

Ik sta eigenlijk zelden achter het fornuis te koken — ik wil geen rooie kop krijgen, laat staan pijnlijke armen van het voortdurend roeren. Ik begin altijd op hoog vuur te koken en laat de gerechten in een matig warme oven (150 °C) staan totdat ik ze nodig heb. Ondertussen ga ik in bad, dek de tafel, zet muziek op en drink een glas wijn. Van stress heb ik geen last. Eten doe je tenslotte voor je plezier.

Koop in het weekend een lamsschouder *en bak hem in hete olie rondom bruin. Snijd een flinke hoeveelheid uien, wortels, selderij en prei in stukken (gooi ze in de blender om tijd te besparen) en fruit ze in dezelfde pan die je voor het lam hebt gebruikt. Doe er zo nodig nog meer olie bij. Voeg tijm of rozemarijn en knoflook toe. Schep de groente in een grote braadslee, leg het vlees erop, voeg zout en peper toe, giet er een halve fles witte wijn over en bedek de braadslee met twee lagen aluminiumfolie. Laat de lamschouder ten minste vier uur in een voorverwarmde oven (150 °C) staan. Je kunt er op een bepaald moment een schaal aardappelen in de schil bij zetten. Of een goed gesloten pan bruine rijst die je eerst aan de kook hebt gebracht. Nu kun je op je gemak zondagmiddagseks hebben, een boek lezen of een foute film kijken. Het eten is klaar als jij eraan toe bent. Je hoeft alleen nog maar dertig seconden wat spinazie te roerbakken. Of je kunt op het laatste moment nog wat sperziebonen op hoog vuur koken, en klaar is Kees. Het vlees is zo botergaar dat het van het bot loslaat en de saus smaakt fantastisch. Je kunt een paar lepels van de saus pureren in de blender en vervolgens terug in de pan doen om de saus wat in te dikken. Waarom zou je het jezelf moeilijker maken?*

Pruimen en rabarber *zijn vruchten die heel langzaam in de oven kunnen sudderen om vervolgens met een dikke yoghurt te worden opgediend. Maar mijn favoriete dessert is gebakken vijgen. Snijd een kruis in elke vijg, leg ze in een met boter ingevette ovenvaste schaal, strooi er bruine suiker over en giet er een scheut marsala over of, als je dat niet hebt, gewoon water. Zet de schaal 20 minuten in een hete oven (40 minuten als je ze bij de lamsschouder in de oven zet).*

Ik ben niet iemand die uitsluitend visfilets wil koken. Ik ben namelijk dol op vis-stoofpotten, *maar alleen in het weekend, want het kost behoorlijk wat tijd als je het goed wilt doen. Ik trek bouillon van visafval (kop, graten en staarten, vraag de visboer), selderij, uien en kruiden en laat die een uur pruttelen. Dan giet ik de afgekoelde bouillon door een zeef. Meestal maak ik de bouillon een dag van tevoren, maar dat hoeft niet. Ik fruit gesnipperde uien met saffraan en knoflook zonder het bruin te laten worden. Ik voeg er dan een paar blikken tomaten, de visbouillon, een paar pepers of een klodder harissa bij. Het geheel laat ik drie kwartier sudderen. Dan voeg ik er stukken rode aardappel aan toe, waardoor de soep*

Hopelijk vind je mijn tips inspirerend

wordt gebonden. Zodra de aardappels gaar zijn, voeg ik er de vis aan toe, de dikste stukken eerst. Neem bijvoorbeeld zeeduivel, poon, hondshaai – maakt niet uit wat, als je maar rekent op vier flinke stukken per persoon). De vis is in vijf minuten gaar. Op het laatst kun je er nog schaal- of schelpdieren – garnalen, mosselen – aan toevoegen, maar laat ze niet te lang pruttelen, anders worden ze taai. Neem de pan van het vuur, laat hem nog vijf minuten afgedekt staan en klaar ben je. Het is een makkelijk gerecht en het ziet er mooi uit. Ik geef er geroosterd brood bij met een beetje geraspte kaas en een schaaltje zelfgemaakte, pittige mayonaise met flink veel gekneusde knoflook en pepers. Toen ik dit gerecht maakte tijdens televisieshow F-word, versloeg ik Gordon Ramsey bij het blind proeven – dat vond hij niet leuk!

Als ik vis wil eten en geen tijd heb om een stoofpot of soep te maken, vraag ik de visboer welke vis het verst is (ik eet nooit gekweekte zalm of baars, ik ga voor vis die een leuk leven heeft gehad). Thuis leg ik de vis met kop en al in een ingevette ovenschaal, sprenkel er nog wat olie over, dek de schaal af met folie en laat hem dertig minuten garen in een matig tot hete (afhankelijk van de vissoort) oven. Als het vlees van de graat loslaat, is de vis gaar.

Ik eet alle soorten wild. Wild is biologisch verantwoord, vetarm, smakelijk en is in 45 minuten klaar. Het heerlijke, witte vlees van een patrijs, gebraden in een casserole met geschaafde kool en jeneverbessen. Fazant met selderij en tijm. Korhoen, tien minuten gebraden, met bruine rijst om alle verrukkelijke sappen te absorberen. Parelhoen, besprenkeld met olijfolie en gebakken op een bedje van druiven. Wilde eend, ingesmeerd met marmelade en een kwartier gebraden in een hete oven. Als daar het water niet van in je mond loopt…

Voor het gemak kook ik soms een heleboel linzen vooruit en bewaar ze in een plastic bakje in de koelkast om ze in de daaropvolgende werkweek in allerlei combinaties te gebruiken. Als ik moet filmen neem ik, als het even kan, zo'n plastic bakje mee. Ik koop alleen een sandwich of sushi als ik te laat ben opgestaan of te brak ben om een lunch klaar te maken. Als je spinazie, snijbiet of raapstelen samen met een pepertje gedurende dertig seconden roerbakt en er linzen uit blik bij doet, heb je iets heerlijks. Voor een lekkere salade meng je gehakte rode uien, peterselie en een blikje uitgespoelde bonen door elkaar en besprenkel je het geheel met de allerbeste olijfolie.

en krijg je zelf ook plezier in koken

ZET OP ZATERDAG IETS MAKKELIJKS OP TAFEL. IK HEB DIVERSE PASTARECEPTEN WAARVAN IEDEREEN DIE KOMT BINNENVALLEN ZIJN BUIK VOL KAN ETEN EN WAARBIJ JE ZELF IN ALLE RUST DE ZATERDAG-KRANTEN KUNT LEZEN.

Gebruik voor een snelle krabpasta *vers krabvlees – één krab is genoeg voor drie personen –, platte peterselie, een bosje lente-uitjes en een rode peper, een paar fijngehakte knoflooktenen. Kook een pak volkoren spaghetti (voor zes personen). Hak de lente-uitjes fijn; daarvoor gebruik ik altijd de keukenschaar en trouwens ook voor de peterselie, dat scheelt weer in de afwas. Verwijder de zaadjes uit de peper (als je niet van pittig houdt) en snijd hem fijn. Fruit de ui, knoflook en peper in een stevige braadpan, voeg het zowel het bruine als het witte krabvlees toe en hussel alles door elkaar. Voeg de peterselie toe en een glas witte wijn (een restje dat je nog hebt staan) en een royale mespunt cayennepeper. Laat de pan op laag vuur vijf minuten stoven. Kook de pasta beetgaar... Roer op het laatste moment een flinke eetlepel slagroom of crème fraîche door de krab. Laat de pasta uitlekken en meng alles in de nog warme pastapan door elkaar. Voeg peper en zout naar smaak toe en dien op. Een complete maaltijd in tien minuten. Geef een salade van krulandijvie, frisee, kropsla en lollo rosso – hoe bitterder het blad hoe beter. Strooi er een handje gehakte walnoten over en besprenkel de salade met olijfolie en citroensap.*

Een ander snel pastagerecht: *koop een paar doosjes kleine tomaatjes (niet in de koelkast bewaren!). Bedek de bodem van een ovenschaal met de tomaatjes, stop er een paar takjes tijm tussen en besprenkel ze royaal met olijfolie, een scheut balsamicoazijn, een snuf suiker, zwarte peper en zout. Laat de tomaten in de oven (200°C) 20 tot 30 minuten braden totdat ze beginnen te karameliseren en de schil gaat barsten. Kook de pasta gaar... Doe de tomaten over in een braadpan. Als ze te vochtig zijn, laat je ze op een hoog vuur indikken. Meng de tomaten met de pasta, maal er royaal zwarte peper over en dien op... smakelijk eten!*

Geniet van koken en eten.
Vergeet Nigella's taartrecepten –
wij hebben noch haar looks noch
haar wilskracht om het bij één
taartje te houden. Vergeet Gary
Rhodes en zijn tijdrovende
recepten. Laat die ingewikkelde
sauzen en gecompliceerde
pasteitjes maar zitten.

Beperk je tot je eigen kleine
repertoire. Eet goed en vooral:
hou het simpel.

LIFE'S TOO F***ING SHORT... OM TE GELOVEN WAT MANNEN ZEGGEN

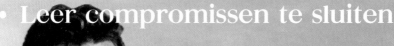

- Leer je partner te begrijpen
- Leer te doen alsof
- Leer compromissen te sluiten

Ik ben dol op mannen en ben graag in hun gezelschap. Vanaf mijn achttiende heb ik achtereenvolgens met heel wat mannen samengeleefd: ik ben vier keer getrouwd en heb drie langdurige relaties (langer dan vier jaar) gehad. Je zou me serieel monogaam kunnen noemen. Of een onverbeterlijke optimist. Of knettergek. Je kunt je ook afvragen welke idioot samen zou willen wonen met een egocentrische workaholic als ik, die zich omgeeft met gelijksoortige vrienden, die een groot deel van haar tijd doorbrengt in het gezelschap van homoseksuele mannen en die totaal geen affiniteit heeft met het gezinsleven of wat daar ook mee te maken heeft.

Een ding staat vast: bij mij zul je geen latente lesbische neigingen ontdekken. Ik ben honderd procent heteroseksueel, hoewel ik op travestiefeesten heel makkelijk te parodiëren ben! In tegenstelling tot wat er over mij wordt geschreven, ben ik niet anti-mannen. Het heeft totaal geen zin om altijd maar af te geven op het mannelijk geslacht. Mannen hebben me altijd geholpen, als goede vriend, minnaar en collega. Maar het is wel knap lastig om het beste in hen naar boven te halen. Was dat maar net zo simpel als er een je bed in te krijgen!

Mijn hele werkende leven ben ik door mannen omringd geweest. In mijn vakgebied – de jungle van de media – zitten voornamelijk mannen op leidinggevende posities, hoewel dat nu geleidelijk verandert. Toen ik in de jaren zestig als journalist begon, moest ik leren met het andere geslacht samen te werken. Daar was ik net zo goed in als het in goede banen leiden van mijn liefdesleven, maar ik heb door de jaren heen wel vorderingen gemaakt. In dit hoofdstuk zal ik mijn visie uiteenzetten over mannen als minnaars, vrienden en collega's. Mijn ervaringen zijn zowel succesvol als rampzalig geweest. Doe er je voordeel mee!

DE KLIK

Nog niet zo lang geleden stond ik op de herenafdeling van een trendy T-shirtwinkel in Parijs een joggingbroek maat XL te passen. Op een bankje voor de paskamers zat een man van middelbare leeftijd op zijn zoon te wachten. Hij zei tegen me dat ik met mijn fantastische figuur beter medium kon nemen. Ik was stomverbaasd. Zo zie je maar. De truc is om een complimentje op elegante wijze in ontvangst te nemen. Glimlach charmant zonder verder flirtgedrag aan te moedigen. Reageer nooit negatief. Behandel de man in kwestie niet als een weerzinwekkende smeerlap. Helaas deed ik dat wel en ben direct bij de aantrekkelijke 23-jarige jongen achter de kassa gaan klagen dat ik werd lastiggevallen.

Hoe lelijk en
onaantrekkelijk je jezelf
ook vindt, vergeet niet
dat er altijd ergens
iemand is die op je valt!

Later tijdens de lunch zei de vriend met wie ik had geshopt dat ik er zelf voor had gekozen om op de herenafdeling een broek te passen en dat ik beter een boerka kon dragen als ik een vriendelijk bedoelde opmerking als een belediging opvatte.

Ooit zei een vriend me dat ik een homo was die gevangen zat in een vrouwenlichaam.

Daar zit wel een kern van waarheid in. Ik denk en gedraag me over het algemeen niet bepaald vrouwelijk, althans traditioneel vrouwelijk. Waarschijnlijk is die 'mannelijke' manier van denken begonnen toen mijn vader besloot mij te behandelen als de zoon die hij nooit heeft gehad. Tot mijn elfde nam hij me wekelijks mee naar voetbalwedstrijden en autoraces. Ik had een hekel aan poppen en telkens wanneer ik er met kerst een cadeau kreeg, rukte ik er nijdig de armen af. Het gehavende speelgoed werd onmiddellijk afgevoerd naar het poppenziekenhuis of naar de poppendokter. Het daaropvolgende jaar met kerst was ik dolblij met de meccano-doos die ik kreeg. Mijn vader en ik bouwden er samen een enorme hijskraan van. Niet lang daarna merkte hij op dat ik zijn aanleg voor techniek had geërfd en gedurende mijn middelbare schooltijd hoopte hij vurig dat ik in zijn voetsporen zou treden. Hij was dolblij toen ik bouwkunde ging studeren en was geschokt toen ik er na twee jaar de brui aan gaf om de journalistiek in te gaan.

Bij bouwkunde zaten er slechts vijf of zes meisjes in mijn jaar, en bijna honderd jongens. In dit mannelijke bastion profiteerde ik van mijn uiterlijk: ik droeg bij ongeveer elke gelegenheid ultrakorte rokjes. Ik was een bizarre mix van onbeschaamd zelfvertrouwen en extreme onzekerheid – nu nog steeds trouwens. Ik kwam er heel snel achter dat heteroseksuele mannen bijna nooit eerlijk over hun gevoelens praten. De meeste mannelijke medestudenten waren voor het eerst alleen van huis en konden nog geen ei bakken maar wisten wel het juiste antwoord op tentamenvragen over loodgieterij of structurele mechanica.

De meeste mannen met wie ik heb samengeleefd toonden zelden hun emoties, tenzij het toevallig over sport, auto's, motoren of vissen ging. Ik heb de karakters van mijn partners eigenlijk nooit goed begrepen. Ik was degene die zich aan hen opdrong, ík stelde voor om samen te gaan wonen, ík kondigde aan dat ik

graag wilde trouwen of verloven en ík was degene die de plannen voor de toekomst maakte in plaats van andersom. Toegegeven, mijn emoties hou ik ook graag verborgen. Hoe meer je prijsgeeft, hoe zwakker je positie bij toekomstige ruzies en meningsverschillen. HET LEVEN IS TE KORT OM JE LIEFDESLEVEN EINDELOOS UIT TE PLUIZEN. Te veel weten geeft alleen maar onrust. Accepteer het basispakket dat je hebt. Je kunt je partner toch niet meer echt veranderen, zeker niet wanneer hij ouder dan dertig jaar is.

MANNEN OP HET WERK

Op de werkvloer geldt hetzelfde: het is bijna onmogelijk om de mentaliteit van mannelijke collega's te veranderen. Je kunt dus er maar beter mee om leren gaan. Erken hun zwakheden maar geef er geen aandacht aan. Als je een mannelijke manager boven je hebt, zul je 50 procent meer inzet moeten tonen om je doel te bereiken. Hoewel er steeds meer vrouwen werkzaam zijn in het middenkader, is het verschil in salaris in sommige beroepsgroepen eigenlijk alleen maar groter geworden. Raak niet – zoals ik meestal – geïrriteerd wanneer de mannen op je werk ineens allemaal hun ogen niet kunnen afhouden van het nieuwe blondje dat net op de afdeling is begonnen.

Eenmaal boven de veertig word je misschien gewaardeerd om je humor, intelligentie en daadkracht, maar erotische aandacht van je chef van middelbare leeftijd hoef je echt niet meer te verwachten.

Hij zal niet met je gaan lunchen of na het werk een borrel gaan drinken om de kantoorroddels uit te wisselen. Bij de kranten waarvoor ik heb geschreven werkten jonkies die zo afgestompt waren dat ze over niets anders konden praten dan hun kapsel, de lengte van hun pony, met wie ze de vorige avond het bed hadden gedeeld of hun milieuvriendelijke toiletpapier. Het zijn de lievelingetjes van het kantoor, en alleen maar omdat ze onder de dertig en aantrekkelijk zijn. Het heeft absoluut geen zin daar verbitterd over te raken. Trouwens, ik verdien meer dan zij. Meestal was de hoofdredacteur zo hoteldebotel van de jonge blondjes dat hij hun foto op de voorpagina zette, in de overtuiging dat de krant er beter door zou verkopen. Zucht…

Mannelijke collega's zullen je nooit eerlijk vertellen wat ze denken en welke strategie ze volgen.

Het liefst staan ze in groepjes bij elkaar een beetje met de sleutels in hun jaszak te spelen en de details van een of ander sportevenement of een autoroute te bespreken. Gelukkig hebben normale vrouwen geen enkele behoefte aan dit soort gesprekken, waardoor ze lekker een halfuurtje per dag dingen kunnen doen die zij leuk vinden, zoals shoppen op het internet of een tijdschrift lezen. Het klinkt misschien seksistisch, maar overal waar ik heb gewerkt gedragen mannen zich zo. Ze kwebbelen wat af. Haal het niet in je hoofd om erbij te gaan staan en mee te praten. Daarmee zak je meteen een paar treden op de sociale ladder (je vrouwelijke collega's zullen je erom haten) en voor je carrière is het al helemaal niet bevorderlijk.

GEHEUGENVERLIES

De meeste mannen hebben een zeer selectief geheugen. Als je ze thuis of op het werk vraagt om iets te doen, vergeten ze het meteen en beweren ze achteraf dat 'je ze niets hebt gevraagd'. **HET MANNENBREIN IS STAR, DUS SOMMIGE VRAGEN KOMEN GEWOON NIET BINNEN.**

Het kan bijvoorbeeld om het vervangen van een rol toiletpapier gaan. Op een of andere manier lijkt de man hiertoe fysiek niet in staat. Of het kan gaan om het opnieuw inladen van de afwasmachine en hem vervolgens inschakelen. Of om het sorteren van de was, het vullen van de wasmachine en het juiste wasprogramma kiezen. Voor mannen die leiding geven aan grote concerns, met buitengewoon complexe problemen te maken krijgen en vaak met een budget van miljoenen euro's moeten werken, zijn bovenstaande klusjes over het algemeen net zo onbegrijpelijk als het bouwen van een spaceshuttle naar Mars voor een gewone sterveling. Mannen zullen nooit de moeite nemen om de ovenklok of de thermostaat te leren bedienen. Wat dat soort dingen betreft zijn de zogenaamde sterke mannenarmen (waarmee ze zo lekker autoritair kunnen zwaaien en jou af en toe liefdevol kunnen omhelzen) net zo handig als de vinnen van een babyzeehond.

MAAK ER GEEN RUZIE OVER, AANVAARD GEWOON DAT VROUWEN ER BETER IN ZIJN. PROBEER HET OP ANDERE MANIEREN TE COMPENSEREN.

Ik heb wel eens gelezen dat mannen en vrouwen elke week even met een glas wijn of een kopje thee bij elkaar moeten gaan zitten om te bespreken wat ze de komende week van plan zijn te doen en dat vast te leggen in een schriftje dat in de keuken wordt bewaard. NOU, DAT WERKT DUS NIET. Ik doe dit al twee jaar en om de zoveel tijd vertel ik mijn partner over vakanties en belangrijke dingen die we samen zouden moeten doen. In een speciaal schrift dat ik (net als al mijn vriendinnen) op een zichtbare plek in de keuken neerleg, schrijf ik alles op, expres met potlood zodat het naderhand nog uitgegumd en veranderd kan worden: concerten waarvoor ik kaartjes heb, treintijden, hotelreserveringen, aankomsttijden op vliegvelden. En wat gebeurt er? Als ik op zondag bij het ontbijt vertel wat er de komende dagen op stapel staat, zie ik gegarandeerd binnen twee minuten een boze, roodaangelopen baby die me over de ontbijttafel toeschreeuwt dat hij daar nooit in heeft toegestemd of dat hij niet wist dat we dat allemaal zouden gaan doen…

Vrouwen hebben nu eenmaal het superieure vermogen om te multitasken en om op verschillende niveaus in ons geheugen instructies en informatie op te slaan. Mannen moeten tien keer aan een bepaald karweitje worden herinnerd – vooral als het gaat om de eerder vermelde klusjes waaraan ze stiekem een hekel hebben. Je kunt het proberen met een post-it die je elke dag op de achterkant van de voordeur plakt. Waarschijnlijk lopen ze er gewoon langs. Tunnelvisie. Selectieve opname. Hoe je het ook noemen wil.

DE HARDE FEITEN

Laten we ons vooral niet druk maken over zo'n gevoelig onderwerp als eten kopen! Een man neemt jouw boodschappenlijstje mee naar buiten, propt het onverschillig in de achterzak van zijn spijkerbroek om het onderweg naar de supermarkt te verliezen. Enkele uren later komt hij triomfantelijk thuis met tien draagtassen vol met spullen waarvan HIJ – dus niet JIJ – dacht dat jullie ze nodig hadden. Dan vind je het lijstje, als een afgedankt stukje origami, op de chauffeursstoel van de auto, ongelezen. Het is om te huilen, maar wat kun je eraan doen?

> **Het leven is te kort om voortdurend te jammeren over de talloze manieren waarop mannen er niet in slagen de door ons opgedragen klusjes uit te voeren. Probeer ze niet te hervormen, te veranderen of af te richten. Begin er niet aan. Laat dat maar aan professionals over.**

Het is wetenschappelijk bewezen dat vrouwen veel sneller en doelgerichter in een supermarkt boodschappen doen dan mannen. Ze onthouden veel beter waar alles staat. Maar dat betekent niet dat jij voortaan de boodschappen moet doen. Ben je gek? Als je te veel hooi op je vork neemt, ga je eraan onderdoor. Bestel zo veel mogelijk via het internet. Breng alleen je eigen kleding naar de stomerij. Strijk alleen je eigen kleren en die van de kinderen. Neem een werkster – dan mag híj betalen voor het strijken van zijn kleren. Of sluit een deal: als hij iets voor jou doet, doe jij iets voor hem.

Koken bijvoorbeeld. Sommige mannen kunnen best een paar makkelijke gerechten klaarmaken, zoals spaghetti bolognese of kip-curry. Een maaltijd van biefstuk, frites en sla is meestal ook geen probleem. Oké, het is geen Jamie Oliver of Gordon Ramsey, maar het is altijd beter dan dat je zelf moet koken.

KRAAK HET NIET AF, MAAR ZIE HET ALS EEN GOED BEGIN.

Laat hem één keer per week kiezen wat jullie gaan eten. Hij mag de boodschappen doen en koken. Jij bemoeit je er niet mee, en maak je geen zorgen, zijn maaltijd zal jouw gezonde eetpatroon echt niet verstoren.

Hoe vaak heb ik – en jij waarschijnlijk ook – niet meegemaakt dat ik uiteindelijk maar begin te koken omdat niemand anders het doet. Niet meer doen! Tegenwoordig kook ik alleen als ik dat wil, ik koop wat ik wil en ik eet wat ik wil. Het is kiezen of delen.

Als mannen met de klassieke reactie 'zeur niet zo, ik doe het heus wel een keer' aankomen, weten wij wat een keer eigenlijk betekent: dit jaar, volgend jaar, ooit of maar meestal nooit. Het is een van de manieren waarop mannen macht uitoefenen op vrouwen. In deze situatie kan je maar één ding adviseren:

VOEL JE MAAR STILLETJES SUPERIEUR, WANT DAT BEN JE OOK!

Omdat ik al zolang in de wereld van de media werkzaam ben en gewend ben om ingewikkelde instructies te geven aan grote teams, heb ik de vervelende gewoonte gekregen om alles wat ik gedaan wil hebben drie keer te herhalen. De eerste keer geef ik een instructie en zeg ik in het kort wat de bedoeling is. De tweede keer verdeel ik de instructie in kleinere porties zodat ze het niet zullen verprutsen. De derde keer herhaal ik het hele verhaal, zij het in een lichtelijk aangepaste vorm zodat je de aandacht van de mensen vasthoudt en ervoor zorgt dat de neuzen allemaal één kant op staan. Drie keer herhalen is echt nodig om een opdracht zonder brokken te laten uitvoeren, zodat het resultaat zo veel mogelijk aan jouw eisen voldoet. Als deze methode succesvol is in film- en televisiestudio's en op redactieburelen, dan werkt het over het algemeen thuis ook. Belangrijk is dat je niet moet overkomen als een dictator of een zeurpiet, waarvan ik in het verleden vaak (én terecht) beschuldigd ben. Of het nu gaat om de vuilniszak buitenzetten, de planten water geven, de tafel dekken of de was sorteren, elke instructie voor een huishoudelijk karweitje moet drie keer worden herhaald. Zodra je het met minder af kan, mag de vlag uit!

WAT MANNEN ZEG- GEN EN BEDOELEN

ZIJN TWEE TOTAAL VERSCHILLENDE DINGEN.

Een tijd geleden was er een bestseller, getiteld *Mannen komen van Mars, vrouwen van Venus*, waarin de schrijver beweerde dat mannen en vrouwen totaal verschillend met taal omgaan. Vrouwen zeggen gewoon wat ze willen, terwijl mannen veel omzichtiger en indirecter te werk gaan. Daardoor ontstaan allerlei misverstanden en grieven. Waar ik echt steil van achterover sloeg was de passage waarin vrouwen werd geadviseerd hoe ze mannen het beste konden benaderen om ze te laten doen wat jij wilt. Paaien en slijmen was het devies. Dus geen JSP-achtige instructies zoals: 'Zet verdomme die vuilniszak nu eens buiten. Ik heb het je al zes keer gevraagd. Die zak stinkt als een bunzing!' In plaats daarvan moest ik zeggen: 'Schat, ik weet dat je dat televisieprogramma heel graag wilt afkijken maar zou je misschien toch een momentje tijd hebben om de vuilniszak buiten te zetten?' En in plaats van 'Vergeet niet op weg naar huis pizza of chinees mee te nemen, want ik moet werken', moet je je verzoek ombouwen tot een soort VN-vredesonderhandelingsvraag die als volgt klinkt: 'Liefje, ik weet dat je een drukke dag voor de boeg hebt, maar zou je er toch aan willen denken om…'

BEN JE AL UITGELACHEN? DAT WERKT TOCH NIET?

Jij en ik weten allebei dat het leven te kort is om veel woorden vuil te maken aan zoiets basaals als een afhaalmaaltijd meebrengen. Voor welke benadering je ook kiest, ik durf erom te wedden dat je partner het negen van de tien keer toch weer vergeet.

Om niet helemaal gek te worden, kun je een paar dingen doen:

* zelf eten halen
* aan het begin van de week een grote maaltijd bereiden en de rest van week kliekjes eten
* bestel een afhaalmaaltijd en sms hem dat hij die moet ophalen
* bestel alleen iets voor jezelf en laat het thuis bezorgen.

Ik ben er door schade en schande achter gekomen dat

HOE MEER JE BEREID BENT JE WERK NEER TE LEGGEN OM EEN MAALTIJD OP TAFEL TE ZETTEN, HOE MEER JE HUISGENOTEN DAT VAN JE ZULLEN GAAN VERWACHTEN.

KOKEN DOE JE VOOR JE PLEZIER, NIET UIT PLICHTSGEVOEL.

MANNEN EN TIJD

Mannen spreken niet alleen een andere taal maar hanteren klaar-
blijkelijk ook een andere klok dan vrouwen. 'Zo' in 'ik kom zo
naar huis' betekent iets heel anders dan 'zo' in 'ik ga zo afwassen'.
Eigenlijk kan 'zo' van alles betekenen: als mannen zich amuseren,
kan 'zo' nog een hele tijd duren, maar 'zo' kan ook vrij snel zijn als
ze toch niets beters te doen hebben.

'ZO' is zo'n woord dat door vrouwen terecht wordt geminacht. Uit de mond van een vent betekent het niets.

DE VROUWELIJKE KLOK

Door de jaren heen zijn we op een subtiele manier gehersenspoeld, waardoor het
stereotiepe beeld is ontstaan dat vrouwen graag roddelen, shoppen en altijd te laat
komen is. Pure kletskoek, bedoeld om te voorkomen dat we het te hoog in onze bol
krijgen. Uitgaande van andermans agenda – niet de mijne – kom ik wel eens te laat,
ja. Ik hou er niet van om alleen in een café of restaurant op iemand te moeten
wachten. Daarom kom ik altijd iets later, vijf minuten misschien. Is dat zo erg? Dat
lijkt me niet. Bovendien heb ik er een goede reden voor!

DE WAARHEID WORDT BEHOORLIJK OVERSCHAT. Stap van

het idee af dat elk aspect van een relatie waarachtig moet zijn. We liegen er allemaal voortdurend op los. Het leven is te kort om elke dag als een detective te onderzoe-

ken waar je partner mee bezig is geweest en waarom hij zo laat thuis is.

Mannen liegen over waar ze zijn geweest en met wie. Het heeft totaal geen zin je daar druk om te maken. Vertel jij eerlijk waaraan je je geld uitgeeft of hoeveel die nieuwe jas en schoenen hebben

gekost? En ik ben de eerste om toe te geven dat ik buitengewoon goed ben in het op tafel gooien van mijn gedeeltelijke versie van de waarheid. Geen wonder dat ik met zoveel van mijn exen bevriend ben gebleven. Op het gebied van seks bijvoorbeeld: wat heeft het voor zin om na een teleurstellende vrijpartij precies te zeggen wat je ervan vond? Waarom slaak je niet een tevreden zucht en breng je jezelf even later naar een hoogtepunt? Ik heb in mijn leven geweldige seks gehad, maar ook saaie seks, dronken seks, treurige seks en onbetekenende seks. Ik ben geen relatiethera-peut, maar ik weet wel dat in een jarenlange relatie met dezelfde partner de glans van de seks af gaat en je gaat zoeken naar dingen om dat te compenseren. Als je een slome, ongeïnteresseerde partner hebt, kun je de seks slechts marginaal oppeppen, niet fundamenteel. Op de lange termijn is het veel belangrijker om hetzelfde gevoel voor humor te hebben en aardig en attent voor elkaar te zijn.

Kortom, mannen zijn niet onze vijanden, maar een verrijking van ons leven. Maar hou ze in de gaten! De kunst is namelijk ervoor te zorgen dat je leven niet in het teken komt staan van het verzorgen en vertroetelen van je partner. Het is soms dodelijk vermoeiend en knap irritant om met mannen om te gaan. Maar het is wél de moeite waard!

LONDON
DIARY
★
ADDRESS and
1966 ENGAGEMENTS
BOOK

Katharine

I'm a celeb
Nov – Dec 2004

address book

Silvine

MEMO BOOK

TRAVEL JOURNAL

LIFE'S TOO F***ING SHORT... OM MET VERVELENDE MENSEN OM TE GAAN

schoolmates

- Schrap de nobody's
- Collega's zijn collega's, meer niet
- Accepteer dat je vrienden niet allemaal met elkaar kunnen opschieten
- en wees bereid te luisteren naar JOUW tekortkomingen

Hoeveel vrienden heb je écht nodig? Hoeveel tijd verspil je wekelijks aan gesprekken met slaapverwekkende mensen? Laten we de
mensen in ons leven in twee categorieën verdelen: degenen met
wie we ten behoeve van ons werk of onze hobby's moeten communiceren en degenen die ons leven verrijken, die ons compleet
maken, die ons laten lachen, ideeën aandragen, emotionele steun
geven en bij wie we ons op ons gemak voelen.

REGEL NUMMER EEN Verwar de mensen van de eerste
categorie niet met echte vrienden. Probeer niet bij te veel mensen in de smaak te
vallen – dat is een hopeloze onderneming. Toen ik tot redacteur van een landelijke
krant werd benoemd, was de vorige net die ochtend ontslagen. Ik werd meteen naar
voren geschoven om het personeel toe te spreken en op te peppen. Iemand gaf me
het volgende uitstekende advies: in elke werksituatie zal een derde van de mensen
met wie te maken krijgt instinctief een hekel aan je hebben – steek geen energie in
deze mensen, beperk je tot beleefdheden. Een ander derde deel van de mensen zal
je aardig vinden en over het algemeen braaf doen wat je wilt. Geweldig! Maar... het
zijn je vrienden niet, het zijn collega's, en dat maakt een groot verschil. In het
resterende derde deel moet je al je energie steken, je moet het zo brengen dat ze
graag met je willen samenwerken en het met je plannen eens zullen zijn. Je hebt dus
altijd een meerderheid aan je zijde, waardoor je je plannen kunt doorvoeren. Dit
betekent dat je dus maar één derde van de mensen op je werk hoeft over te halen.

REGEL NUMMER TWEE

Deel je werktijd strak in. Verspil geen tijd aan
oeverloos gezever. Beperk vergaderingen tot een
minimum, hou je aan een strakke agenda, geef
mensen een afgepaste hoeveelheid tijd om hun
zegje te doen, maar hak uiteindelijk zelf de knoop
door en blijf bij je besluit. We leven niet in een
collectief – iemand moet de tent runnen, en als jij
diegene bent, hebben anderen zich daar maar in te
schikken. Pas dezelfde regel toe op situaties buiten

je werk, zoals reparaties in je huis, shoppen, kortom, alle die dingen die het moderne leven zo ingewikkeld maken. Je hoeft echt niet bevriend te raken met de loodgie-
ter of de timmerman om iets van ze gedaan te krijgen. Evenmin hoef je de beste
vriendin van de groenteman of slager te zijn – je bent een gerespecteerde klant.
Wees beleefd, beperk het vriendelijke gebabbel tot een aanvaardbaar minimum,
anders komen ze veel te veel van je te weten. Daarvoor is het leven te kort!

REGEL NUMMER DRIE Maak een duidelijk onderscheid

tussen vrienden en collega's. Vrienden hóéven jou niet kennen, ze zijn niet onder de
indruk van je, maar wel bereid je dingen te vertellen die niemand anders (zelfs je
partner niet) je zou durven te vertellen. Vrienden zeggen gewoon recht in je gezicht
wanneer een jurk je niet staat, wanneer je je uitgroei moeten laten verven, wanneer
je laatste vlam een rampzalige vergissing is. Vrienden zijn geen vleiers. Ze hebben
wel iets beters te doen in hun drukke leven dan jou naar de mond te praten.

VERWACHT NIET VAN JE VRIENDEN DAT ZE ELKAAR ALLEMAAL MOGEN, TIJD MET ELKAAR WILLEN DOORBRENGEN OF ÉÉN GROTE GELUKKIGE FAMILIE WILLEN VORMEN.

VRIENDEN blijven,

REGEL NUMMER VIER Laat je echte vrienden voelen dat ze belangrijk voor je zijn, ook al zie je ze niet vaak. Bijvoorbeeld door een kaartje sturen. Laat de vriendschap niet verpieteren. Ik heb vrienden die ik uit mijn studietijd – meer dan veertig jaar geleden – ken. Elk decennium van mijn leven en elke relatie die ik heb gehad hebben me vrienden opgeleverd. Maar ik kan ze niet allemaal even regelmatig zien. Bovendien weet ik dat ook zij vanuit allerlei facetten in hun leven vrienden hebben en mij niet altijd op korte termijn kunnen inpassen, als ik eens wil uithuilen. Vrienden moeten geduldig en tolerant zijn – allebei niet mijn sterke punten. Wees tegelijkertijd realistisch, want hoeveel tijd per week kun je werkelijk voor je vrienden vrijmaken? Maak nooit een afspraak uit schuldgevoel. Je kunt beter op de langere termijn een ontmoeting regelen en er dan echt werk van maken. Ik heb een paar vrienden die ik misschien één keer per jaar zie. Maar omdat ik ze al zo lang ken, kunnen we de draad van het gesprek zo weer oppakken alsof we elkaar gisteren nog gezien hebben. Soms ga ik bij hen logeren, soms gaan we er samen een weekend op uit, dan weer gaan we uitgebreid eten of we maken een lange wandeling.

Ik ben vier keer getrouwd geweest en heb met drie mannen langer dan vier jaar samengewoond, maar de enige constante factor in mijn leven zijn mijn vrienden. Uiteindelijk hecht ik meer waarde aan mijn vriendschappen dan aan welke familielid ook. Eigenlijk zijn mijn vrienden mijn echte familie. In de omgang met bloedverwanten gelden andere regels, en met die regels heb ik eerlijk gezegd altijd moeite gehad. Mijn vrienden zijn mijn gelijken en bij hen kan ik helemaal mezelf zijn. Als ik oud ben, wil ik dan ook bij mijn vrienden zijn.

REGEL NUMMER VIJF

Voel je niet schuldig als je sommige namen niet overneemt in je nieuwe adresboekje. In het leven raak je nu eenmaal vrienden kwijt en maak je nieuwe. Regelmatig tijd vrijmaken kun je alleen maar voor een handjevol hechte vrienden. Accepteer dat je met sommige mensen geen contact meer hebt omdat je niet langer dezelfde interesses deelt.

BLADER JE ADRESBOEKJE KRITISCH DOOR. SCHRAP DE NAMEN VAN MENSEN DIE JE AL TWEE JAAR NIET MEER HEBT GEZIEN. SCHRIJF IN JE NIEUWE BOEKJE ALLEEN DE NAMEN VAN MENSEN DIE JE ECHT WILT ZIEN

SCHRAPPEN:

* zeurkousen
* saaie schoolvriendinnen die met grijze muizen zijn getrouwd
* de buurvrouw van je moeder die je nog van vroeger kent
* de secretaresses van jaren geleden
* beroemdheden die je eens een hand hebt gegeven
* die aardige man met wie je ooit een keer uit medelijden het bed hebt gedeeld

HANTEER HET SNOEIMES RIGOUREUS. BLIJF NIET HANGEN IN HET VERLEDEN. IK HÁÁT NOSTALGIE.

... COLLEGA'S veranderen.

Stomvervelend zijn vrienden die het volgens eigen zeggen slecht getroffen hebben in het leven en maar blijven doorzeuren over die goeie ouwe tijd toen jullie veertien waren. In een vriendschap moet het over het hier en nu gaan en over de toekomst. Zo houdt een vriendschap je jong, geanimeerd en geïnteresseerd. Het is leuk om af en toe terug te kijken, maar mondjesmaat… Zelf word ik natuurlijk ook wel eens geschrapt. Dat moet je kunnen accepteren. Het is zuur, maar het leven verandert nu eenmaal en vriendschappen vergaan. Vergeet dat idiote versje uit je poëziealbum: ROZEN VERWELKEN, SCHEPEN VERGAAN MAAR ONZE VRIENDSCHAP BLIJFT ALTIJD BESTAAN. Helaas pindakaas. Stel je voor dat die zogenaamde hartsvriendin op een gegeven moment genoeg krijgt van jou, je drukke agenda en je problemen? Dan kijk je lelijk op je neus. Wees wijs en onderhoud vriendschap met een handjevol mensen. Door de jaren heen zal die groep vanzelf veranderen.

REGEL NUMMER ZES
Neem afstand van vervelende mensen met wie je niet wilt praten (en besef tegelijkertijd dat zowel jij, beste lezer, als ik, soms ook wel eens stomvervelend kunnen zijn). Hou op met eindeloos communiceren. Verspil je tijd niet met het verzinnen van excuses waarom je een telefoontje niet hebt beantwoord. Antwoord gewoon niet, tenzij om je te verontschuldigen of te zeggen dat je het druk hebt, maar laat het daarbij.

Voor sms'en geldt hetzelfde. Waarom zou je RSI riskeren door in sms-taal de ene flauwe grap aan de andere te rijgen? Mijn tip luidt: zet je mobiel uit! Wekelijks krijg ik een sms'je of mailtje van de artiest Tracey Emin (die ik heus heel graag mag, maar bij wie het slechts om één persoon draait, en dat is Tracey Emin) waarin ze me vraagt om haar column in de *The Independent* te lezen. Elke vrijdag als ze haar column heeft geschreven, drukt ze op 'aan allen'. Om GEK van te worden. 'Heb je verdomme gisteren míjn column in *The Independent* gelezen? Daarmee verdien ik mijn geld, Tracey, voor het geval je dat niet wist,' sms ik haar dan terug. Zodra iemand me een doorstuurmailtje stuurt, schrap ik hem meteen uit mijn adresboek.

Hetzelfde geldt voor e-mails met grapjes of reclame voor internetsites of blogs.

Het leven is te kort om je post-
vak te openen en vervolgens te
lezen hoe een of andere zielige
trut is opgestaan, haar haren
heeft gewassen en vervolgens
de hele dag op kantoor het ge-
mopper van haar baas heeft
moeten aanhoren. **Wissen!**

Met blogs maak je geen vrienden. Alleen virtuele, en daar heb je niets aan. Ze komen echt niet bij je langs als je door je vriend ben gedumpt. Ze trekken geen fles wijn open. Ze maken je niet aan het lachen. Ze zullen er niet voor je zijn als je ze nodig hebt.

Al mijn banen, relaties, huizen en onflatteuze kapsels ten spijt, mijn echte vrienden zijn me altijd trouw gebleven. Maar wat doe je als een van jouw vriendin-nen plotseling met een slaapverwekkende vriend komt aanzetten? Je zult met de stroom mee moeten gaan. Ten-slotte heb jij hen in het verleden ook wel eens opgezadeld met jouw *toy boy* of een hersenloze mafkees. Probeer je vriendin zo veel mogelijk zonder partner te ontmoeten, bijvoorbeeld door een 'meidenavond' te organiseren of, als het om een vriend gaat, een avondje 'onder elkaar'. Dan gaan

we ergens borrelen of eten zonder partners op sleeptouw en kunnen we drie uur achter elkaar heerlijk klagen over familie, relaties, werk en waarom we zo dik zijn en hoe het in godsnaam mogelijk is dat de grootste trut met wie we ooit hebben gewerkt nu de baas van ITV is. Enzovoort.

Wees eerlijk: dit zijn de leukste avondjes uit. Zonder partners erbij.

Ik heb een vriendin, een columnist bij een krant. Om de paar maanden gaan we samen eten. Zowel zij als ik zouden die avondjes voor geen goud willen missen.

REGEL NUMMER ZEVEN
ALS JE MET JE VRIENDIN EEN AFSPRAAK HEBT GEMAAKT VOOR EEN PERSOONLIJK GESPREK, HOU JE DAAR DAN AAN.

Neem nooit, maar dan ook nooit gezellig een ander mee. Als je vriendin langer dan een jaar een relatie heeft, probeer dan je aandacht maar te richten op de positieve kanten van haar partner! Laat je vriendinnen maar lekker klagen over hun mannen en hun hopeloze seksleven… maar maak zelf niet de fout door voor het gemak álle mannen de grond in te boren. Dat is zo onaardig en bovendien op de lange termijn geen slimme strategie. Mannen hebben immers allerlei tekortkomingen en beperkingen, maar als je geen lesbienne bent dan zul je toch een manier moeten vinden om met ze om te gaan en gebruik te maken van wat ze WEL kunnen.

REGEL NUMMER ACHT (de allerbelangrijkste) Probeer bevriend te blijven met je ex-echtgenoten en -vriendjes. Hoe kun je iemand, van wie je zo lang hebt gehouden en maanden of zelfs jaren het bed hebt gedeeld, ineens een klootzak vinden, alleen omdat jullie uit elkaar zijn gegaan? Het is ook lastig voor je vrienden, van wie velen dol zijn op je ex en soms zelfs doller dan op jou! Ik heb maar één ex die ik echt van mijn leven niet meer wil zien, maar dat is helemaal niet zo erg, want mijn vrienden dachten dat ik gek was geworden toen ik op mijn vijftigste in een dronken bui in Las Vegas met hem trouwde. Midden in de nacht nota bene! Het is natuurlijk mogelijk dat je exen hertrouwen of een partner krijgen die jij niet ziet zitten, maar dat hoeft niet te betekenen dat je niet normaal met elkaar kunt omgaan. Ik ben gek op de tweede vrouw van mijn ex-man en ik ben een waardeloze peetmoeder van een van hun zonen. Met deze ex kan ik echt goed overweg, juist omdat ik niet meer met hem getrouwd ben.

REGEL NUMMER NEGEN Bepaal de grenzen van een vriendschap. Voorkom dat je vrienden je leven overnemen en je dingen laten doen waar je eigenlijk geen zin in hebt. Als ze je uitnodigen voor iets waar je een hekel aan hebt, bedank dan beleefd en zeg dat je iets anders te doen hebt. Als ze je voor het eten uitnodigen, voel je niet verplicht om hen meteen ook voor een etentje uit te nodigen terwijl je het eigenlijk veel te druk hebt. Spreek met ze af in een wijnbar of een eetcafé zodat jij de rekening kunt betalen.

VOEL JE NIET SCHULDIG.

Je hebt tijd voor jezelf nodig, maar je hebt ook behoefte aan het gezelschap van je vrienden. Zorg voor evenwicht.

NIEUWE VRIENDEN
MAKEN

Gemeenschappelijke interesses vormen een goede basis. Cursussen, spelletjes, film of theater. Schrijf je in voor een kookclub, ga mee met een groepsreis en bezoek historische bezienswaardigheden. Word lid van een leesclub – iets wat veel van mijn vriendinnen enig vinden. Als er bij jou in de buurt op dat gebied niets is, begin er dan zelf een. Toen ik een keer naar het plaatselijke theater ging, ontdekte ik dat de toneelclub voor veel mensen een geweldige manier was om vrienden te maken. Wees niet bang om af te gaan. Je bent nooit de minst getalenteerde. Bovendien kun je altijd nog helpen met het maken van decors of kostuums.

De buurtkroeg raad ik je niet aan. Te veel geroddel en geen privacy. Ik ga vaak naar vlooienmarkten en antiekbeurzen, waar ik tijdens het uitleven van mijn verzamelwoede massa's boeiende mensen heb ontmoet. Ik ben bevriend geraakt met mensen die ik bij culturele evenementen, bijvoorbeeld in musea, heb ontmoet. Maar naar mijn bescheiden mening is wandelen de beste manier om mensen te leren kennen. Geef je op bij een plaatselijke wandelclub. Denk niet dat er alleen maar oudere mensen wandelen. Zoek op het internet een groep die bij je leeftijd past.

Voor iemand die zijn hele leven in de media werkzaam is geweest, heb ik toch maar weinig goede vrienden op de werkvloer gemaakt. Ik heb een enorm adressenbestand, allemaal mannen en vrouwen die ik voor het merendeel kennissen zou willen noemen en slechts enkelen echt goede vrienden.

Dan is het tijd voor vrienden om de accu op te laden.

Een uitzondering daarop was de periode halverwege de jaren tachtig toen ik het televisieprogramma *Network 7* maakte. Het was een energievretend project, waaraan we vierentwintig uur per dag werkten in een vervallen pakhuis in East End, Londen. Aan het eind van het seizoen ging ik samen met een deel van de ploeg op vakantie. Het enige wat we deden was slapen, drinken, eten en op het strand liggen. Daarna gingen we allemaal onze eigen weg in medialand, maar nog steeds hebben we contact. Met Sebastian (wiens bedrijf mijn agent is geworden) ga ik nog regelmatig eten, Sharon (die nu een topproducer van muziekprogramma's is) komt vaak in Yorkshire bij me logeren. De intensieve samenwerking, waarbij we een nieuwe stijl van televisie maken wilden introduceren, heeft ons heel dicht bij elkaar gebracht. Maar we houden geen reünies. Daar begin ik niet aan.

Ik heb ooit in Londen architectuur gestudeerd en vorig jaar hadden mijn jaargenoten bij wijze van reünie een lunch georganiseerd. Ik liep het restaurant binnen en dacht: 'Wie zijn deze saaie ouwe mannen eigenlijk?' Nooit meer! Van de 95 mannen en vijf vrouwen met wie ik gelijktijdig heb gestudeerd zie ik er nog maar twee op regelmatige basis. Zij behoren tot mijn beste vrienden. De rest kan me gestolen worden!

Schoolreünies lijken me een ware hel. Waarom zou ik de meiden willen ontmoeten die me op school niet zagen staan omdat ik 'nog geen tieten had en zij wel'? Die valse krengen die me *lesbo* noemden omdat ik vooruitstekende tanden en een ziekenfondsbrilletje had. Ik was ruim een meter tachtig lang en maakte geen enkele kans om op de soos een jongen te zoenen. Op zo'n reünie word je natuurlijk weer beoordeeld. Gaan ze kijken of je huis net zo protserig is als dat van hen, of je wel getrouwd bent, of je wel twee kinderen en een mooie auto hebt en of je wel maatschappelijk werk doet. F*** OFF! DENK JE ECHT DAT JE EEN JONGEN DIE JE OP JE ZESTIENDE LEUK VOND NU NOG STEEDS LEUK VINDT? VERGEET HET MAAR!

DOOR DE JAREN HEEN KUNNEN RELATIES OOK OP EEN POSITIEVE MANIER VERANDEREN.

Mijn jongere zusje is in 2006 na een hevige strijd aan kanker overleden. In onze gezamenlijke kinderjaren, toen we als twaalf- en veertienjarig meisje een slaapkamer deelden, waren we niet bepaald close. Onze ouders, die een nogal problematisch huwelijk hadden, leidden het huishouden volgens het verdeel-en-heers-principe. Bijgevolg had mijn vader zeer ambitieuze plannen met mij. Hij was via avondstudies elektricien geworden en later zelfs ingenieur. Hij wilde dat ik in zijn voetsporen zou treden en zat voortdurend te zeuren over mijn huiswerk. Mijn zus is met opzet voor haar examen gezakt en zo snel mogelijk van school gegaan. Ze heeft zich altijd tweederangs gevoeld. Pas nadat onze ouders allebei overleden waren konden mijn zus en ik vrienden worden. En toen ze was overleden besefte ik hoe groot haar sociale vaardigheden waren geweest. De kapel zat tjokvol rouwenden, allemaal gekomen om Pat de laatste eer te bewijzen. Net als ik was Pat iemand die er geen doekjes om wond. Ze zei de dingen vaak recht in je gezicht en als ze boos op je was, kon je het schudden. Maar als ze je mocht, had je een geweldige vriendin aan haar. Ze deed niets liever dan uitstapjes maken met haar vriendinnen, kaarten tijdens de lunchpauze, een glaasje drinken in de pub, deelnemen aan quizavondjes en busreizen organiseren naar popconcerten. Ik mis haar vreselijk, maar door haar dood ben ik nog beter gaan inzien hoe ik mijn leven moet leiden.

PATS DOOD HEEFT ME IN MIJN OPVATTINGEN GESTERKT – VRIENDEN VORMEN DE RUGGENGRAAT VAN JE BESTAAN.

Hieronder volgt een stukje uit een column over vriendschap dat op een zondag in 2006 in The Independent *is verschenen. Nu geldt het meer dan ooit.*

'*Weet je nog toen je echte vrienden had en niet alleen maar vrienden van de tv? Hoewel velen het betreuren dat populaire series zoals* This Life, Sex and the City *en* Friends *(waarin dertigplussers eindeloos op de bank zitten te klagen over het leven en relaties) van het scherm zijn verdwenen, moeten we wel inzien dat ons door die programma's een verleidelijke fantasiewereld wordt voorgeschoteld. Door de eisen die het dagelijks leven aan ons, kijkers, stelt, hebben wij minder vrienden dan ooit. Echte boezemvrienden, die je op elk moment om raad kunt vragen of in een suïcidale bui kunt bellen en met wie je nooit seks zult hebben, zullen spoedig tot een uitgestorven ras gaan behoren dat zorgvuldig beschermd moet worden. Onderzoek heeft aangetoond dat het aantal mensen aan wie we onze diepste geheimen toevertrouwen in twintig jaar met een derde is gedaald. Nog zorgwekkender is het feit dat een kwart van de onderzochte mannen en vrouwen toegaf dat ze helemaal niemand hadden met wie ze de écht belangrijke dingen in hun leven konden bespreken. Triest maar waar. We worden een volk van eenzame, liefdeloze eenlingen. Met sms'en, e-mailen, speed daten en voicemail is het o zo makkelijk om iemand uit je leven te airbrushen als hij of zij niet aan je verwachtingen voldoet of*

problemen begint te veroorzaken. Het gevolg is dat we niet alleen wanho-
pig en single achterblijven, maar ook nog eens geen vrienden hebben.
Twintig jaar geleden gingen mensen 's avonds na het werk naar een club
of vereniging. Ze zaten op een cursus of ondernamen iets met hun col-
lega's. Tegenwoordig vergt alleen al het woon-werkverkeer veel stress en
bovendien besteden we meer tijd dan ooit aan onze carrière. Op weg naar
huis kopen we snel een snack, thuis vallen we op bed neer of kijken nog
naar een dvd. Zo rijgen de dagen zich monotoon aaneen. Het succes van
online chatprogramma's is veelzeggend. Je kunt jezelf een willekeurige
persoonlijkheid aanmeten en met volslagen vreemden een intiem gesprek
voeren. Niemand valt over je bierbuikje, je dubbele kinnen, de foute kleur
van je haar of je afgebeten nagels. In de virtuele wereld ben je volmaakt.
Echte vrienden bestaan nog amper. Voor veel mensen is intimiteit een
angstaanjagend idee. Het succes van sms'en (véél onpersoonlijker dan
telefoneren, want daarbij kun je uit iemands stem nog een hoop afleiden)
laat zien hoe onthecht we zijn geraakt. Het is van groot belang dat we
weer energie steken in vriendschappen en onze echte vrienden gaan her-
waarderen — hoe tijdrovend en ergerlijk ze ook kunnen zijn. Als we dat
niet doen, gaan we een sombere, troosteloze ouwe dag tegemoet.'

Back from the jungle and still being blunt

Tough at the top

LIFE'S TOO F***ING SHORT... OM IN EEN SAAIE BAAN TE BLIJVEN HANGEN

'I've proved them all wrong'

- Hoe je een goede cv schrijft
- Zoek werk waar je plezier in hebt
- Hoe je de carrièreladder beklimt

LONDON COUNTY COUNCIL

NAME

SCHOOL

We brengen meer dan de helft van ons leven op het werk door, dus zorg ervoor dat het er leuk is.

Ik heb een fantastische carrière gehad. Sterker, die heb ik nog steeds. Ik ben niet van plan om met pensioen te gaan, minder te werken, achterover te leunen en anderen mijn plaats te laten innemen. Maar ik heb geen kinderen. Ik heb me dus voor honderd procent op mijn doelen kunnen richten. Voor de meeste vrouwen is carrièreplanning zo goed als onmogelijk. We moeten multitasken, vijf keer zo hard werken als een man om de glibberige succesladder te beklimmen. Daarbij moeten we ook nog eens een relatie onderhouden, een gezin bij elkaar houden en een huishouden runnen. We hebben niet alleen het volste recht op een baan, maar we willen ook een goed salaris en een carrière waaraan we plezier beleven. Ik kan dat hier opschrijven, jij kunt het lezen, maar allebei weten we dat...

A2

LADY MARGARET SCHOOL

REPORT   Name _Janet Bull._

Term _Autumn 1958._   Form _IT._   Average Age of Form _11.4._

	Marks		
	SCRIPTURE ...	Good oral work, & usually good homework but Janet must learn with care.	B.E.
	ENGLISH ...	Really good. Janet works well.	M.B.
	GEOGRAPHY ...	Janet works well and with enthusiasm.	E.H
	HISTORY ...	Janet shows enthusiasm in class but her written work is too often spoilt by carelessness	E.
	LATIN		
	FRENCH—WRITTEN ..	Janet must always give her full attention in class and do her written work carefully.	
	ORAL ...	Her pronunciation is quite good.	C.N.K.
	ARITHMETIC ...		
	ALGEBRA ...	Janet's work is usually good, but she needs to work more accurately.	
	GEOMETRY ...		E.H
	SCIENCE	Good. Janet works with enthusiasm.	B.W
	ART	Good.	J.V
	~~CRAFT~~ WRITING...	Good. Janet's writing is clear and attractive.	W.L
	MUSIC	Janet is working well.	D.S
	INSTRUMENTAL MUSIC	Janet has made a very good start.	E, C.
	HOUSECRAFT	Good. Janet works very well.	E.a.T
	PHYSICAL EDUCATION	Good. Janet has worked well.	N&M
	DANCING		

General Progress and Conduct :-

Janet is always enthusiastic and she must see that this pleasing trait is always allied to accurate work.

Times Absent _____

Time Late _____

Next Term _Jan 6._ to _March 25._

Half Term Holiday _Feb. 16 & 17._

Form Mistress _M.B. Tasaroon._

Head Mistress _F.E. Marshall._

Parent's Signature _R.G. Bull._

WAT WE WILLEN en WAAR WE UITEINDELIJK GENOEGEN MEE MOETEN NEMEN

helaas twee totaal verschillende dingen zijn. Laten we dus teruggaan naar de basis en kijken op welke manier je iets aan je eigen situatie kunt veranderen.

Ik was niet bepaald een uitslover op school. Ik was ongedisciplineerd en had altijd problemen met de leraren. Maar 's avonds werkte ik in de openbare bibliotheek. Ik las veel en hield lijstjes bij van films die ik had gezien en catalogi van alle kunstexposities die ik had bezocht. Van toneelvoorstellingen bewaarde ik de programma's. Met andere woorden: ik was een onvermoeibare autodidact. En dat heeft zijn vruchten afgeworpen. School heb ik altijd vreselijk gevonden. Ik heb nu eenmaal een hekel aan regeltjes. Het leerplan voor een vak zoals geschiedenis bijvoorbeeld was te saai voor woorden. Toch ben ik uiteindelijk met voldoende punten geslaagd om architectuur te kunnen gaan studeren. Om toegelaten te worden had ik een portfolio samengesteld van tekeningen en foto's van inspirerende gebouwen. Op mijn achttiende had ik al een zeer persoonlijke smaak en kon ik mijn belangstelling voor kunst en literatuur goed verwoorden.

Na een paar jaar kwam ik erachter dat de studie niets voor mij was. Ik zou nooit zo'n goede architect worden als mijn goede vriend Piers. Ik besloot me te gaan richten op een andere grote liefde, namelijk schrijven. Ik verzamelde een paar boekrecensies en opiniestukken die ik op de bonnefooi had geschreven en stuurde ze bij wijze van open sollicitatie naar de redacties van een stuk of zes tijdschriften die ik zelf graag las. Ik werd voor een gesprek uitgenodigd en kreeg een baan bij een weekblad voor tieners. Binnen een halfjaar werd ik benaderd door een headhunter voor een baan als waarnemend moderedactrice bij de *Daily Mail*. Binnen een jaar – op mijn eenentwintigste! – had ik een eigen column. Dat is nu niet meer mogelijk. In de media zijn er te veel mensen voor te weinig banen. Tegenwoordig raad ik vrouwen aan om zo lang mogelijk te blijven studeren, liefst een serieuze studie die hun geest scherpt, zoals politicologie, geschiedenis of Engelse taal- en letterkunde. Ze moeten hun tijd vooral niet verspillen aan een studie zoals media en cultuur. Ook geografie is volstrekt zinloos als je later als schrijver of onderzoeker wilt werken.

HOE MAAK JE EEN CV DAT ERUIT SPRINGT?

Een keurig uitgetypt cv is niet voldoende om op te vallen. Voeg er in elk geval een lijst met interessegebieden en activiteiten aan toe. Als je in je vrije tijd uitdagingen niet uit de weg gaat, kan een werkgever daaruit afleiden dat je over aanpassingsvermogen en toewijding beschikt. Extra vaardigheden zoals computer- en talenkennis doen het ook altijd goed. En wees bereid een baan aan te nemen als assistent van iemand die je bewondert, zodat je een opstapje hebt om verder te groeien in de bedrijfstak van je keuze. Mijn voormalige assistenten zijn allemaal drama- en comedyproducers geworden of ze hebben een interieur- en decoratiebedrijf of ze zijn fulltime schrijver geworden. Mensen die opgewassen zijn tegen de stress van een werkdag à la JSP, kunnen alles aan. Sommigen zijn echter ook teruggegaan naar de universiteit om kunstgeschiedenis te gaan studeren, zodat ze theaters en operagezelschappen konden leiden.

Als je geen tijd hebt om fulltime te studeren, overweeg dan een avondstudie of vraag je werkgever om een dag studieverlof per week. Het is nooit te laat om extra diploma's te halen of je carrière een andere wending te geven. Of je nu 15 of 58 bent, je bent het aan jezelf verplicht om je brein te blijven prikkelen, anders word je saai, kleingeestig en ouwelijk, iemand die het gevoel heeft dat hij altijd aan het kortste eind heeft getrokken en blijft doorzeuren over vroeger. Tegen iedereen die dit leest zeg ik: vergeet vroeger, de toekomst telt, dus blijf niet hangen in de tijd dat je veertien was en in het fietsenhok je eerste tongzoen kreeg. Je kunt alles bereiken wat je maar wilt en je blijft jong door je voor alles en iedereen open te stellen.

En nu terug naar je cv. TEN EERSTE: VERMELD NOOIT JE LEEFTIJD. DAT GAAT NIEMAND IETS AAN. Jij gaat iets toevoegen aan een organisatie ongeacht je leeftijd. Dát moet je houding zijn. Leeftijdsdiscriminatie is op grond van de Europese wetgeving verboden. Als er tijdens een sollicitatiegesprek naar je leeftijd wordt gevraagd, vraag dan gewoon waarom ze dat willen weten of als je dat niet durft lieg er dan om. Wat kan het schelen? Vermeld

Sun Aug. 19. Returned from Spain, arrived 9.0 at Periwale. Slept all morning

Mon 20. Went to work - felt lousy

Sat 25 Edd, Joan, & I went up to Fair at Putn

Friday 1st Went to stay with Edd

Sat 2nd Sept Phoned up mum - G.C.E results. I passed both (howzat!) Went to Pauline's party.

Sun 3. Sept Came home. Mum & dad gone to Worthing. Joan came round. Went to Lyons club - invented new dance !!!!

Friday 7 Sept Card From Hugo. Finished work. Wrote to Hugo.

Sat 8 Sept Started work in Chemist - Not very hard. Went to Roumph's party.

Mon 10 Sept Another card From Hugo! Hadn't posted Letter so I just added a bit on the end of it Says he's sending me a matelot shirt.

Tuesday 11 Sept Returned to school — (Lousy) back to work now.

evenmin je kinderen en het aantal echtscheidingen. Dat gaat je toekomstige werkgever geen klap aan. Hetzelfde geldt voor je huidige burgerlijke staat. In plaats van te beginnen met je schamele diploma's en certificaten kun je beter enthousiast uitweiden over al je vaardigheden. Vermeld je hobby's en interesses. Probeer als een multigetalenteerde aanwinst te klinken en niet als iemand die gaat zeuren over hoeveel reistijd elke dag nodig is om op het werk te komen.

TOON BELANGSTELLING VOOR HET BEDRIJF WAARVOOR JE WILT WERKEN en leg uit waarom! Je wilt niet weten hoeveel mensen bij mij op het kantoor van de BBC hebben gesolliciteerd die moesten toegeven dat ze nog nooit een programma hadden gezien dat door mijn afdeling werd geproduceerd. Waarom zou ik zo iemand willen aannemen? Wegwezen! Ook verbaasde het me hoeveel mensen als argument aanvoerden dat ze 'beroemde mensen wilden ontmoeten'. Doe 's normaal. **NEEM VAN MIJ AAN DAT DE MEESTE BEROEMDE MENSEN DODELIJK SAAI ZIJN.** Werk is werk en het gaat niet om de minieme kans dat je een hand van bijvoorbeeld Elton John krijgt.

Bij elk programma waarvoor ik heb gewerkt, pik ik de goede loopjongens en koffiedames er meteen uit. Dat zijn degenen die elke dag weer bereid zijn ongevraagd nét dat beetje extra te doen en zo proberen op te vallen. Hun salaris is een fooi maar ze willen niets liever dan een trapje hoger op de ladder. De ware toppers zorgen niet zomaar voor de thee en koffie, maar ze zoeken uit waar je gaat filmen en waar je iets te eten kunt krijgen. Op subtiele wijze hengelen ze naar je gunst door aan te bieden alvast je treinkaartje te kopen. Ze vragen waar je over schrijft en bieden aan om tijdens hun lunchpauze op internet informatie te zoeken. Zij zullen het ver schoppen. Geen twijfel mogelijk.

Voor mij springen cv's eruit waarop vermeld staat dat mensen een avondcursus geschiedenis hebben gevolgd, in hun vakantie aan archeologieprojecten hebben gewerkt, vrijwilliger zijn bij de lokale radio of in een verpleeghuis. Ik ben geïnteresseerd in mensen die muziek maken, concerten bezoeken, hun kennis doorgeven aan

Janet Street-Porter

Adrian George

jonge mensen. Ik ben niet geïnteresseerd in mensen die schrijven dat ze 'andere mensen willen ontmoeten', graag uit eten gaan of van reizen houden. Je moet altijd een extra ingrediënt toevoegen om op te vallen in de grijze massa.

Hoewel een academische achtergrond mij niet zoveel zegt, kun je er in geval van nood altijd nog om liegen. Zelf weet ik echt niet meer precies hoe mijn eind-examenlijst eruitzag. Wat maakt het uit? Er zijn mensen met een veel betere lijst die nog geen snackbar kunnen runnen, terwijl ik de leiding heb gehad over bedrijven waarin miljoenen omgingen. Mijn eigen moeder (een zeer intelligente hoewel ietwat moeilijke vrouw) heeft gelogen om een zeer gewild baantje bij een ambtelijke instantie te krijgen. Ze heeft gewoon gezegd dat ze op haar zestiende voor haar examen was geslaagd terwijl ze in werkelijkheid op haar veertiende van school moest om als huishoudelijke hulp bij een rijke familie in Manchester, ver weg van huis, te gaan werken. Haar familie kon de school niet langer betalen en haar vader was overleden, zodat haar moeder alleen achterbleef met de zorg voor het grote gezin. Gelukkig heeft niemand ooit de moeite genomen om het precies uit te zoeken en eerlijk gezegd heb ik zelf ook nog nooit een school opgebeld om te vragen hoe de eindlijst van een sollicitant er precies uitzag.

WAT VOOR SOORT WERK ZOEK JE?

Verspil geen tijd en geld aan charlatans die zichzelf coaches noemen. Laat me niet lachen! Ze bellen je op en vragen honderden euro's om te zeggen waar en waarom het fout ging in je leven.

HET GAAT OM GEZOND VERSTAND.

Welke boeken lees je⁇ Van welke films houd je⁇
Welke televisieprogramma's vind je walgelijk⁇
        Ben je graag onder de mensen of ben je een einzelgänger⁇
Kun je thuiswerken⁇

Geen wonder dat niet mannen, maar vrouwen de meeste nieuwe bedrijven beginnen in Groot-Brittannië — ook al kost

dat veel meer tijd en betekent het een aanzienlijk financieel risico. Vrouwen werken anders. Ze delen hun tijd anders in, trekken zich niets aan van de rigide hiërarchie van de door mannen gedomineerde bedrijven waar eindeloos wordt vergaderd en een te grote nadruk ligt op routines en structuren – machtspiramiden met aan de top bijna altijd een man van middelbare leeftijd! Voor meer begrip van de concurrentie en de marktpositie is het beter eerst voor iemand anders gewerkt te hebben voordat je je eigen bedrijf begint.

Ik heb bij grote organisaties, zoals de BBC, gewerkt. Ik heb omvangrijke afdelingen geleid en ben tevens jarenlang werkzaam geweest als freelancer, waarbij ik thuis stukjes schreef en voor kleine productiebedrijven werkte. Ik heb dus aan beide kanten ervaring. Het meest verleidelijke maar tegelijkertijd afstompende aspect van werk is routine. Mijn motto was: blijf nooit langer dan een paar jaar ergens werken, vooral niet in het begin van je loopbaan..

HOU ER REKENING MEE DAT JE ONTSLAGEN KUNT WORDEN
Bedrijven kunnen ineens willen inkrimpen of hun prioriteiten bijstellen. Dat is echt het einde van de wereld niet! Zie het als een kans om iets nieuws te beginnen en ga niet wekenlang zitten tobben over je ontslag. Het is niet jouw schuld – herhaal dat keer op keer. Telkens wanneer ik werd gedumpt heb ik dat in mijn voordeel gebruikt. Vlak voordat de *Daily Mail* van het gewone formaat overging op tabloidformaat, was ik er al weg en had ik al een baan geregeld bij de *Evening Standard*. Bij Live TV werd ik eruit gegooid nadat ik een speech had gehouden over de middelbare, kleurloze mannen die het bij de televisie voor het zeggen hebben. Bovendien was er geen plaats voor de arrogante, seksistische voormalige *Sun*-redacteur Kelvin Mckenzie en mij in een nieuw mediaproject dat werd geleid door een krantenconcern dat geen spat ervaring had met televisie maken. Ik heb het absoluut

niet persoonlijk opgevat – eigenlijk was ik buitengewoon opgelucht dat ik niet elke dag naar Canary Wharf hoefde af te zakken om te praten over waarom topless darten en rugbyen geen goed idee is voor een programma (NB op een zender die was bedoeld voor actualiteit en shownieuws).

Gelukkig heb ik me in meer dan één richting ontwikkeld, dus wanneer er geen werk voor me is als radio- of televisiepresentator kan ik mijn geld nog altijd verdienen met het schrijven van columns en artikelen. Ik kan lezingen geven, prijsuitreikingen presenteren of openbare debatten voorzitten. Ik ben nog nooit wakker geworden met de gedachte dat ik een saai leven heb. Ik heb het zodanig geregeld dat ik nooit te lang achter elkaar hetzelfde hoef te doen.

GELOOF IN JEZELF! DAT IS HET BELANGRIJKSTE.

Ik heb geen universitaire studie afgerond, ik heb geen klassieke talen geleerd en ik ben nog nooit van mijn leven deelgenomen aan een managementcursus. Toch heb ik leiding gegeven aan afdelingen met meer dan 350 mensen. Ik ben redacteur van een landelijke krant geweest en ik heb topfuncties in medialand bekleed. In het begin van mijn loopbaan heb ik altijd meerdere dingen tegelijk gedaan; ik werkte 's ochtends als radiopresentator, 's middags was ik redactrice bij een tijdschrift en in mijn vrije tijd stelde ik kunstexposities samen en hielp nieuwe tijdschriften van de grond komen. Ik schreef voor glossy's, tijdschriften van vliegtuigmaatschappijen en voor diverse vakbladen.

Ik heb nooit gedacht dat ik iets niet kon. Wees bereid te falen en leer van je fouten.

HAAL HET MAXIMALE
UIT DE KANSEN DIE JE KRIJGT

ZORG DAT JE OP TIJD OP JE WERK BENT. DRAAG ONGEVAARLIJKE KLEDING (DIT KLINKT MISSCHIEN ALSOF IK MIJN SEKSEGENOTEN AFVAL, MAAR IK HEB EEN HEKEL AAN MENSEN DIE UITGEDOST ALS VOOR EEN GALAFEEST OP HUN WERK VERSCHIJNEN EN HET KANTOOR BESCHOUWEN ALS EEN SAAIE PLEK WAAR ZE NOG EVEN, VOOR HET FEEST BEGINT, WAT TIJD MOETEN DOORBRENGEN. RICHT JE OP JE VERANT-WOORDELIJKHEDEN. MAAK ELKE DAG EEN LIJST VAN DE DINGEN DIE JE DIE DAG WILT DOEN EN ZORG DAT JE, VOORDAT JE NAAR HUIS GAAT, ZO VEEL MOGE-LIJK PUNTEN KUNT AFVINKEN.

Het is belangrijk om je collega's te laten zien dat je humor hebt. Of wil je als een chagrijn te boek staan? MAAR LET OP DAT JE NIET DOOR-SLAAT. Ik heb een hekel aan kantoorroddels en ben nog nooit met een collega gaan lunchen. Ik zie het nut er niet van in. Als ik in de lunchpauze mijn zinnen wil verzetten, pak ik een krant en ga ergens op een rustig plekje zitten lezen. Ik wil niet bevriend raken met collega's.

HET LEVEN IS TE KORT OM IN EEN BAAN ONDER JE NIVEAU TE BLIJVEN HANGEN. ZIE HET

ALS EEN FASE IN DE REIS VAN JE LEVEN. HET IS ALLEMAAL TIJDELIJK. LEES ELKE DAG EEN KWALITEITSKRANT, DENK NA OVER POLITIEK EN DE MANIER WAAROP HET BELEID INVLOED OP JE PERSOONLIJKE SITUATIE HEEFT. ONTTREK JE NIET AAN HET LEVEN.

Richt je op een collega die je zou kunnen overtreffen en zorg dat je opvalt bij je superieuren door allerlei dingen aan te pakken die niet onder jouw taakomschrijving vallen. Toen ik bij de BBC als hoofd van de jeugdprogramma's begon, had ik niet eens een eigen werkplek! De eerste paar weken moest ik kamperen in de *Jackanory*-bibliotheek op de kinderafdeling. Ik keek zo veel mogelijk BBC-programma's en kwam er algauw achter wie tijdens de wekelijkse evaluatiebijeenkomsten de grootste kletskousen en tijdverspillers waren. De enige manier waarop ik mijn afdeling kon uitbouwen was door zendtijd van anderen af te pakken. Dus om programma's te kunnen maken moesten andere programma's wijken. Uiteraard vonden de makers dat niet echt leuk, maar dat kon me geen bal schelen. Meedogenloos sprong ik in de gaten die anderen hadden achtergelaten en vulde ze met talloze ideeën. Binnen twee jaar had ik 200 mensen voor me werken en was mijn afdeling betrokken bij een lange reeks eigen thema-uitzendingen. Dat daar allang een speciale afdeling voor was, heeft me nooit weerhouden.

> Sta 's zomers een uur eerder op om je dag te plannen. Of gebruik die tijd om iets te doen wat je graag doet: sporten, wandelen of een prioriteitenlijst maken.

WEES BETROKKEN BIJ JE WERKGEVER. VAL HEM OF HAAR NOOIT AF ZOLANG JE OP DE LOONLIJST STAAT. NEEM EXTRA WERK AAN, GA IN COMMISSIES ZITTEN ETC. ZORG DAT JE OPVALT.

Toen ik pas bij de BBC werkte, werd ik gevraagd voor het Equality Committee. Die commissie was opgericht om ervoor te zorgen dat vrouwen en leden van etnische minderheden meer kansen kregen. Ik vond het absolute tijdverspilling en bedankte voor de eer. Het hele idee achter die commissie was achterhaald. Van mezelf vond ik allang dat ik tot het superieure geslacht behoorde! Ik heb me nooit ingelaten met vrouwenclubjes. Tijdverspilling vind ik het. Als we carrière willen maken moeten we ons niet laten behandelen als een speciale categorie. Vraag nooit iemand om een gunst want als je dat te vaak doet, gaan je collega's je een lastige tante vinden. Als je wordt gevraagd extra werk te doen,

ZEG DAN NOOIT:

Ik heb het al veel te druk.

Daar ben ik niet voor bevoegd.

Dat staat niet in mijn functieomschrijving.

DIE REACTIES MAKEN VAN JOU EEN NEE-ZEGGER. ALS JE VERDER WILT KOMEN MOET JE JA ZEGGEN OF: 'OKÉ, IK ZAL MIJN BEST DOEN.'

Dan zit je altijd goed, want ook al maak je een fout, je hebt wél je best gedaan. Ooit werkte ik bij de BBC samen met een zekere Darryl, een briljante manager. We hadden een jaarlijks budget van 40 miljoen euro om uit te geven aan de programmering. Als ik met een nieuw project of een begroting voor een nieuwe serie aankwam, zei hij nooit: 'Wat een slecht idee'. In plaats daarvan zei hij: 'Oké, daar gaan we mee aan de slag.'

If I was a bimbo I would not be running a TV company worth £30m

PLAN EEN MAAND VOORUIT,
GEEN DECENNIUM

Ik denk er nooit over na wat ik over tien, vijf, twee of zelfs volgend jaar zal doen. Zolang er niets beters op mijn pad komt richt ik me met alle energie op het werk dat ik op dat moment doe. Als ik een project heb bedacht dat door niemand wordt opgepikt, trek ik nooit meer dan twee maanden uit om te proberen het van de grond te krijgen. Daarna gaat het in de la en hou ik me met iets anders bezig. Verspil geen tijd en energie aan ideeën waarvoor geen markt is. Bewaar ze – je kunt er altijd nog op terugkomen – en ga verder met iets anders. Als je je droombaan niet kunt krijgen, probeer het dan via een andere weg of een ander persoon. Wees flexibel.

TOT SLOT:
HET LEVEN IS TE KORT OM
JE IETS AAN
TE TREKKEN VAN
ANDERMANS
KRITIEK.

Jij bent bijzonder, ook al denken je baas of collega's daar misschien anders over.

NEGEER ZE. Als ik me alle bagger die over mij is gezegd had aangetrokken, had ik mezelf inmiddels beter kunnen ophangen. Je wil niet weten hoeveel narigheid er over me is geschreven toen ik werd gevraagd voor een baan als redacteur bij *The Independent on Sunday*, met name door collega-journalisten van kranten zoals *The Daily Telegraph*. Andrew Neil vroeg me zelfs op de radio of ik wel bevoegd was voor die functie! Ik had nota bene dertig jaar ervaring als journalist. Nee, ik had niet een of ander saaie cursus doorlopen en ook geen ervaring als nieuwsverslaggever en evenmin ervaring bij een regionale krant. Ze wilden de indruk wekken dat ik was gevraagd omdat ik beroemd was! Alsof een krantenmagnaat zijn miljoenenbedrijf aan een of ander halvegare overdraagt! Bij de televisie had ik tientallen jaren ervaring met leiding geven aan grote teams. Ik heb twee uur durende live-programma's geproduceerd, waarin ook de actualiteit een rol speelde. Voor mijn televisiewerk ben ik meermalen onderscheiden. Maar omdat ik niet bij hun zielige clubje hoorde, kon ik natuurlijk niet deugen. Bovendien had ik twee jaar lang voor de BBC hetzelfde politieke programma als Andrew gepresenteerd, iets wat hij voor het gemak maar even vergat te vermelden. Dat *The Telegraph* zo haatdragend was, begreep ik niet helemaal. Vooral niet omdat ik in het verleden regelmatig voor die krant heb geschreven. Ineens herinnerde ik me dat de man die ik bij *The Independent on Sunday* zou opvolgen – hij was ontslagen – getrouwd was met een redactie-assistente van *The Telegraph*. Het was dus een ordinaire wraakactie van haar. TRIEST MENS.

MORAAL:
sta boven je vijanden. In de loop van je werkzame leven zul je er genoeg tegenkomen.

← rook shit

I am sitting in Fink River Cam[p]
the bl**dy birds have alread[y]
crapped on my shoulder! So th[at's]
2 lots of good luck in 2 hrs!

you could see the concrete base [&]
dirt road near our camp site. [We]
[took] a 5hr drive on dirt roads fr[om]
Alice Springs. Two men had da[mmed]
the river by making a concrete d[am]
& a pipe from it supplied the ch[urch?]
with water. Now the waterhole [has]
silted up & the water was much [below?]
[than?] the dam, but it was a pret[ty]
impressive piece of work (ab[out]
40 ft across & 20 ft deep) all
Lots of birds — Pied diamond
done. Now we walked down the
river S & the head west [along?]
a series of foothills.

[left page fragments:]
d 15 pat
bon gine
into,
here here
chs and
not a
t for
6 of
d in the
river
, on a
Park.
nee
rigers
up.
tudy

t up
r. Tidied
camp
track
—
Serpentine
bei
ed
is —

we w[a]
at & b[e]

LIFE'S TOO

F***ING SHORT... OM

JE GELD AAN EEN

WEEKJE KUUROORD

UIT TE GEVEN

- Doe niet aan 'therapeutische vakanties'
- Prikkel je geest
- Meng je onder de plaatselijke bevolking

Mensen gaan om allerlei redenen op vakantie. De slechtste reden is om radicaal van uiterlijk te willen veranderen. Laten we eerlijk zijn: het merendeel van de vrouwen lijdt onder een te dikke buik, cellulitis op de bovenbenen en permanente wallen onder de ogen die zelfs met *Touche Eclat* niet te verhullen zijn. We kunnen allemaal wel een kleine correctie gebruiken, maar ten koste waarvan? Als ik werk, werk ik keihard, dus het idee van vakantie in het teken van een gezondheidsregime komt niet in mijn hoofd op.

Als ik iets heb geleerd is het dat je KUUROORDEN, SPA'S EN THERMEN ALS VAKANTIE MOET MIJDEN ALS DE PEST. Ze zitten vol met stinkend rijke, fantasieloze mensen die samen een beetje ongelukkig zitten te zijn. In een spa zul je nooit vrienden maken of een interessant persoon voor een *one night stand* tegenkomen. Ik heb zeer welgestelde vrienden die naar een spa gaan om af te vallen oftewel gemarteld te worden. Ze zullen heus een pond of vijf kwijtraken, maar die zitten er binnen twee weken weer aan. Spa's werken niet op de lange termijn – je moet je leefstijl veranderen en je niet laten beïnvloeden door een of andere mafkees in een witte nylon overall die maar doorzaagt over je chakra's, terwijl hij intussen olie in je haren smeert waardoor het wekenlang onhandelbaar is.

Vraag jezelf af wat je van een verblijf in een spa verwacht. Je krijgt in vijf dagen echt geen slanker achterwerk. Als je mijn gewoontes overneemt, weet ik zeker dat je beter zult slapen en je meer ontspannen zult voelen. Mijn vakantiemantra luidt: WERK HARD ZODAT JE VAN EEN WELVERDIENDE, LEUKE VAKANTIE KUNT GENIETEN.

Dat betekent dat je je eigen plan moet trekken. Daarover later meer.

Je leeft in de moderne wereld. Je bent geen non of monnik. Negeer alle new age-onzin over geestelijke verjonging. Allemaal nonsens, die de beautyjournalisten ons willen wijsmaken om ons onzeker te maken en geld uit te laten geven aan zinloze alternatieve therapieën die zij gratis hebben gekregen.

Er was een tijd dat jij en ik alleen in de zomer op vakantie gingen. Daarna kwamen er de minitripjes door het jaar heen bij. Als je tegenwoordig geen peperduur 'resort' boekt waar je van een zogenaamde therapeutische vakantie kunt genieten, word je ordinair en gewoon gevonden. Vakantie is iets voor gewone mensen, die blij zijn met een *all inclusive*-reis en het heerlijk vinden om twee weken inge-smeerd met zonnebrandolie op een stretcher te liggen bakken en flutromannetjes te lezen.

De enige reden waarom de meeste mensen in de eenentwintigste eeuw af en toe vrij moeten nemen is stress. Tot 1990 hadden we nog nooit van stress als kwaal gehoord. Toen bleven mensen thuis van hun werk vanwege lage rugpijn. Besef je wel dat toerisme een gewone bedrijfstak is en dat reisagenten er als de kippen bij waren om munt te slaan uit onze zogenaamde stress. Ze hebben reizen bedacht voor vermogende mensen die pas tevreden zijn als ze een kapitaal hebben uitgege-ven aan een 'therapeutische vakantie'. Deze nieuwe versie van de oude vertrouw-de zomervakantie kost een fortuin en heeft een nieuw soort deskundige voortge-bracht: de *life coach*. Hij of zij hoort jouw geklaag aan over wat er allemaal in je leven ontbreekt en adviseert je vervolgens in welke opzichten je je leven kunt veranderen.

Deze 'heilzame' reizen zijn een logisch vervolg op de educatieve vakanties van vroeger, waarin je leerde koken en mediteren of ging wandelen of pottenbakken – allemaal activiteiten waar je veel baat bij kunt hebben. Maar ik word een beetje misselijk van het idee dat iemand die ik nog nooit eerder heb ontmoet zich met mij en mijn leven gaat bemoeien.

Kom op, zeg! Er zijn veel goedkopere en betere manieren om je onvrede te bestrijden!

In 2006 zijn meer dan 200.000 mensen op een zogenaamde wellness-vakantie gegaan. Dat soort reizen schijnt almaar populairder te worden. Denk heel goed na voordat je je geld uitgeeft aan een illusie: een verblijf van een paar weken in een belachelijke tropische setting, een huis op palen boven het water, het getingel van de windklok telkens wanneer er warme olie op je 'derde oog' wordt gedruppeld door een Ayurvedische masseur in een rietgedekte hut. Als je een week later thuis bent, voel je je diep ellendig, want in plaats van de kabbelende golven hoor je nu het geraas van auto's en de geur van wierook heeft plaatsgemaakt voor de zweetlucht van je collega-forensen in de metro.

Je vergist je als je denkt dat een wellness- of therapeutische vakantie je leven op lange termijn kan veranderen. Het is een peperdure schijnoplossing, niets meer en niets minder. Psychotherapeuten beamen dat verandering van omgeving je tijdelijk een goed gevoel kan geven, maar de onderliggende redenen voor je onvrede en ongemak blijven gewoon bestaan. Het is alsof je meedoet aan reality-tv, maar in dit geval moet je wel betalen om mee te kunnen doen!

Na drie weken van massages en therapeutisch gewauwel met mensen die je nooit meer zult zien, sta je weer moederziel alleen op het vliegveld om je vlucht naar huis te halen. Kortom: je bent weer terug in de realiteit die bestaat uit jengelende kinderen en een irritante partner die niet aan je verwachtingen voldoen. En hoe weet je trouwens of die zogenaamde deskundigen aan wie je je ziel hebt blootgelegd wel deugen? Het komt er eigenlijk op neer dat we de vakantie gebruiken om te leren hoe we prioriteiten in ons leven moeten stellen. Dat is toch bizar? Als je dingen in je leven wilt veranderen, zoals anders gaan eten, meer sporten, nieuwe vrienden maken of misschien van baan veranderen, dan kan een vakantie je nét die adempauze geven die je nodig hebt. Maar gedragsveranderingen waarmee je in je vakantie begint zijn lastig vol te houden als je eenmaal thuis bent. Daardoor zou je je wel eens nóg ellendiger kunnen gaan voelen dan ervoor. Een weekje op Bali of de Maldiven onder leiding van een *life coach* kost je ruim 4000 euro. Misschien is het verstandiger dat je een ander soort vakantie boekt en geld opzij zet voor cursussen en activiteiten als je weer

(Guadeloupe)

thuis bent, iets structureels om in de lange donkere winter naar uit te kijken.

Ik heb op veel verschillende manieren vakantie gevierd. In luxueuze resorts op een verlaten eiland, maar ik heb ook onder leiding van een gids in de Dolomieten gewandeld. Dertig jaar lang heb ik over reizen geschreven. Ik heb in Nieuw-Zeeland op de grond in een trekkershut geslapen, ik heb gekampeerd in de Australische woestijn, ik heb in een afgelegen deel van Papoea-Nieuw-Guinea met inboorlingen gedanst en ik heb rond de westelijke Schotse eilanden op dezelfde boot gevaren als koningin Elizabeth. Ik heb op kingsize matrassen gelegen, maar ook op tatami-matjes in Japan. Ik heb in modderbaden gelegen en op elk continent een ander soort massage gehad, de Kilimanjaro en de Himalaya beklommen. Ik ben hoogteziek geweest in Chili en heb gezworven door de Blue Mountains in Jamaica, vergezeld door een gids die Sweet Pea heette. Ga er maar vanuit dat ik op mijn reizen evenveel onvergetelijke als nare ervaringen heb gehad.

Elke reis, hoe klein ook, zie ik als een kans om iets nieuws te ontdekken. Therapeutische vakanties? Niet doen!

REGEL NUMMER EEN Verwacht niet te veel van een vakantie. Je zult mooie en onvergetelijke dingen meemaken, maar ook saaie momenten hebben. Ik neem altijd **EEN KLEIN AANTEKENBOEKJE MEE** waarin ik elke dag opschrijf wat ik meemaak. Daarin uit ik mijn ergernisjes en geluksmomenten. Ik mopper over mijn reisgenoten, geef commentaar op het weer en het landschap en een opsomming van de planten, vogels en insectenbeten. Ik heb 35 jaar lang reisdagboeken bijgehouden

en ze allemaal bewaard. Heel leuk om na thuis-
komst terug te lezen. Zo'n reisverslag is een
manier om eventuele onvrede en boosheid over
mijn dagelijks leven op papier te verwerken en er
een positieve reiservaring tegenover te zetten. Ik
kan het je echt aanraden. Je vakantieherinnerin-
gen kunnen zo nooit vervagen. Ik heb dagboeken
bijgehouden van alle lange wandeltochten en talloze kerkbezoeken. Ik heb pasta-
maaltijden in Italië, taartrecepten uit Grenada en cocktails uit New York beschreven.
Ik heb melding gemaakt van geweldige tweedehandswinkeltjes in Los Angeles en de
namen van de bomen in de bossen van Tasmanië. Ik heb plakboeken vol met ansicht-
kaarten, tickets van musea die ik heb bezocht en bus- en treinkaartjes.

REGEL NUMMER TWEE Neem je elke dag voor IETS GEDENKWAARDIGS TE ONDERNEMEN waarvan je iets opsteekt. Dat kan een wandeling van

twee uur zijn of een bezoek aan kerk, museum of park. Je kunt met de bus of trein
naar een andere plaats gaan om te lunchen. MAAR GA NIET SHOPPEN OF ERGENS EEN BOEK LIGGEN LEZEN. Doe elke dag een kleine investering, het

hoeft geen uren te duren. Ga niet eten in je hotel of zwemmen of naar de manicure.
Bedenk voor je naar bed gaat wat je de volgende dag gaat doen. Zorg dat je kaarten
en wandelgidsen bij je hebt. Als je geen dikke boeken wilt meeslepen, scheur de
betreffende bladzijden er dan uit. Gidsen zijn geen museumstukken! Het is van
groot belang om goed geïnformeerd op je vakantiebestemming aan te komen en bij
aankomst direct plaatselijke wandelboekjes aan te schaffen in je hotel of de plaatselijke VVV.

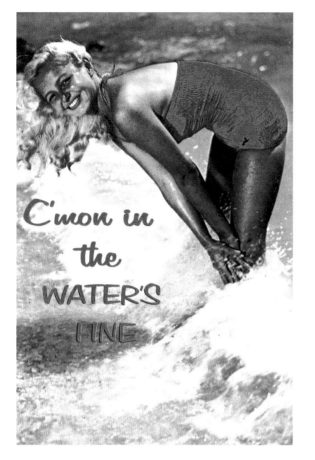

C'mon in the WATER'S FINE

Je reisgezelschap hoeft niet per se degene te zijn met wie je seks hebt. Ga niet vaker dan één keer per jaar met je vaste partner op vakantie. Vakanties zijn geen seksfestijnen. Wie heeft er zin in seks in een veel te smal bed, op een veel te hard matras, in een kamer met kartonnen muren waar de airconditioning óf kapot is óf ijskoude lucht produceert? Na een paar dagen in de zon zit je onder de pijnlijke rode plekken en de muggen- beten. Niet echt een lustopwekkend gezicht! Vakanties zijn bedoeld om je zinnen te verzetten, niet om met iemand af te rekenen. Je moet dus niet gaan zeuren over de eetlust van je partner, zijn bierbuik of zijn onvermogen om je met de juiste zonnebrandolie in te smeren of zijn weigering te dragen wat jij hem adviseert. Homo's zijn perfect reisgezelschap – ze zijn niet geïnteresseerd in je seksleven, je vetrollen of je cellulitis. Op dat gebied hebben ze dezelfde problemen als jij.

Als je met een vriendin op vakantie gaat, kies dan iemand met wie je veel interesses deelt. Drink je zelf graag een glas wijn bij de lunch, neem dan niet iemand mee die niet drinkt of die de glazen telt. Als je gaat wandelen, kies dan iemand die van stilte houdt, die je uren laat lezen, iemand die je niet de hele dag opeist. En niet iemand die elk uur van de dag dwangmatig moet vullen met domme roddels of kletspraat. Ga nooit met iemand op wandeltocht die niet ongeveer dezelfde conditie heeft als jij. Als ik een paar uur wil wandelen, neem ik geen genoegen met een ommetje en evenmin met een dagmars in snelwandeltem- po. Ik ga nooit op vakantie om aan mijn conditie te werken. Thuis heb ik mijn fitnessruimte. Vakantie is om aan je geest te werken.

En ga nooit maar dan ook nooit met iemand naar bed tijdens je vakantie, ook al is de verleiding nog zo groot. Bedenk hoe je vlam eruit zal zien onder de grijs bewolkte hemel van de Randstad. Als je gebruind, uitgerust en fit thuiskomt, is seks met je eigen partner misschien nog niet eens zo'n slecht idee...

REGEL NUMMER VIER Trek je niets aan van wat modejournalisten vinden dat je moet dragen. Tenzij je eruit wilt zien als een typische toeriste. Nee toch? Geloof evenmin de onzin die wordt geschreven over 'minimaal' inpakken. Dat is mij nog nooit gelukt. Dat idee moet ontsproten zijn aan het brein van graatmagere vrouwen die er zelfs in een vuilniszak aantrekkelijk uitzien. Het enige wat ik adviseer is om geen nieuwe kleren voor de vakantie te kopen. Dat is geldverspilling want naderhand kun je ze weggooien omdat ze onder de zonnebrandolie-, insectenspray-, pastasaus- en rode wijnvlekken zitten. Of ze krimpen in de hotelwasserette of de strijkservice perst je leuke, kreukelige linnen rokje tot een stijve plank.

Koop nooit een vakantiebadpak vóór de lunch. Ga er een passen met een paar broodjes in je maag. Dan weet je zeker dat je badpak ook 's middags nog past. Ken jij iemand die tijdens de vakantie is afgevallen? Ik niet. Vakanties zijn bedoeld om lekker te eten en te drinken, tenzij je je tegen mijn eerdere advies in toch in een spa wilt laten afbeulen. Ik heb een hekel aan wikkeljurken, wikkelrokken en sarongs. Er hoeft maar een briesje op te steken of ze waaien los. De meeste vrouwen zien er in wikkelkleding uit als een rollade. Het wikkelconcept werkt alleen als een wespentaille hebt. Zo niet, vergeet het maar!

Jij en ik moeten vakantiekleding dragen die goed om de schouders en armen past en vandaar uit soepel omlaag valt, zodat we er tijdens het eten, luieren of wandelen niet uitzien als stapel autobanden. Draag daarom ook nooit een witte broek, rok of shorts. Haal diep adem en laat ze aan het knaapje hangen. Witte kleding is Gods manier om te zeggen dat we als lammeren verklede schapen zijn.

Het kan echt niet meer. Witte kleren zijn uitgevonden zodat de *Daily Mail* foto's van bekende vrouwen kan afdrukken die er op hun vakantie als sloeries uitzien. Hetzelfde geldt voor hoge glittersandalen opgesierd met muntjes, edelsteentjes en franjes. Denk niet dat veel gedoe aan je voeten de aandacht van al je andere tekortkomingen zal afleiden.

REGEL NUMMER VIJF Kies nooit een bestemming waar niemand van je vrienden en familie ooit is geweest. Je hebt geen idee hoe het er werkelijk is en waar je het beste kunt verblijven. Deze regel geldt niet als je een buitengewoon deskundige reisagent hebt of een zeer degelijke, actuele reisgids. Heb je, net als ik vaak doe, in een dolle bui gekozen voor een trekvakantie waarbij je onder het tentdoek moet slapen,

BETAAL DAN IEMAND OM JE TENT OP TE ZETTEN EN TE KOKEN!

Ik ben gek op kamperen, maar alleen met een lokale gids, iemand die mijn tent opzet, iemand die me elke dag een kan warm water brengt voor mijn ochtendrituelen en een paar mensen die 's avonds een heerlijk maaltje boven een kampvuur bereiden. Zo geef ik de plaatselijke economie ook nog een impuls. Denk in je zuinigheid niet dat je het allemaal wel zelf kan. Ben je gek? Over het geld dat je hieraan uitgeeft hoef je je helemaal niet schuldig te voelen. Je verschaft werk aan de lokale bevolking, je eet hun voedsel en al je geld gaat rechtstreeks naar de regio die je bezoekt. Ik heb een gruwelijke hekel aan *all inclusive*-reizen. Ze dragen niets bij aan de streek, ze worden omgeven door hoge muren en beveiligingspersoneel. Daar gaat geen cent van mij naar toe.

CERTIFICATE OF CROSSING
THE NORTH POLE
北極通過記念証

This certificate gives public notice that
the bearer has crossed the North Pole
aboard a Jet Courier of Japan Air Lines.

Shizuma Matsuo, President

中华性文化和性健康教育展
地点：浦东下二层展览大厅

上海外滩观光隧道相关项目链接

深海珍奇馆
地点：浦东下二层展览大厅

音幻世界
地点：浦东下二层大厅

上海外滩观光隧道

地址：浦东滨江大道 2789 号
　　　浦西中山东一路外滩 300 号
电话：021-58886000　传真：021-58883555
交通：浦东地铁二号线 82 路 85 路 985 路 870 路 961 路
　　　浦西 20 路 22 路 37 路 55 路 65 路 928 路

HOTEL CASTAGNETO
Tel. 0974 845106
28 - 29 LUGLIO 2007
FESTA
DEL FUSILLO
FUSILLI + SALSICCIA + PATATINE
Siamo qui
€ 8,00
MUSICA DAL VIVO
8 - 19 - 20 Agosto · Sagra della Porchetta
Mercato Cilento

Ik heb door Europa, Nieuw-Zeeland en Australië getrokken. Vaak verbleef ik in schitterend gelegen, gezellige familiehotels, waar de kamers eenvoudig en schoon zijn. De eigenaars waren bereid picknicks voor me klaar te maken of 's avond nog een warme maaltijd te bereiden. Die ervaringen zal ik altijd blijven koesteren en dus niet het verblijf in luxe hotels vol met arrogante Amerikanen die totaal overdressed aan het diner of lopend buffet verschijnen.

Reizen is het beste cadeau dat je jezelf kunt geven en het werkt beter dan welke drug ook.

LOG OF THE JOURNEY continued

Date	Section	N.G.R.	Miles S	Miles C	Times A	Times D	Weather
Sun 24	Marrick Priory	SE 067978	2	108½	11.15		SUNNY!
	✓ Marrick	SE 076982	3	109½	11.45	12.0	and wind
	✓ Marske	NZ 105007	5½	112	12.30		lunch by...
	Whitcliffe Wood	NZ 145014	8½	115	2.30		1-2
	X Richmond	NZ 171009	10½	117	3.00	9.15	SUNNY
BANK MON 25 HOLIDAY	✓ Colburn	SE 196991	3	120	10.15	10.20	SUNNY
	X Catterick Bridge	SE 228993	5½	122½	11.10	11.15	
	✓ Bolton-on-Swale	SE 251992	7½	124½	11.50	11.55	CLOUD
	✓ Rawcar Bridge	SE 299988	11¼	128¼	12.55	1.0	
	✓ Streetlam	SE 310989	12¼	129¼	1.05	1.10	
	✓ Danby Wiske	SE 337986	14	131	1.35	2.45	NICE
	X Oaktree Hill	SE 361988	16	133	3.20	3.25	getting
	✓ Long Lane	SE 389998	18¼	135¼	4.10	4.15	CLOUDY
	✓ East Harlsey road	NZ 418010	20½	137½			
	X A.19 road TONTINE INN A9	NZ 442012	22½	139½			
TUES 26	X Ingleby Cross	NZ 449007	23	140	6.00	11.30	VERY COL, GREY.

Date	Section	N.G.R.	Miles S	Miles C	Times A	Times D	Weather
	Beacon Hill	SE 460998	2½	142½	12.40		HURRIC
	✓ Huthwaite Green	NZ 492008	5½	145½		2.00	CHARW
	✓ Carlton Bank	NZ 522030	8¼	148¼	2.45		
	X Clay Bank Top	NZ 572033	12¼	152¼	-		
WED 27	Urra Moor	NZ 595016	2	154¼	12.10		HEAVY R
	Bloworth Crossing	NZ 616015	3½	155¾	12.40		+ WIND
	✓ Lion Inn, Blakey	SE 679997	9	161¼	1.15	2.30	
	✓ White Cross	NZ 682020	10¾	163		10.00	
	✓ Glaisdale (station)	NZ 783056	18¾	171	6.00		Grey sun pe
THURS 28	✓ Egton Bridge	NZ 804052	2	173	10.40	-	
	✓ Grosmont	NZ 829052	3½	174½	11.15	11.40	stopped in...
	X A.169 road	NZ 862049	6	177	2.30		SUNNY!
	✓ Little Beck	NZ 879049	7¼	178¼	1.00		
	Falling Foss	NZ 888035	8½	179½	1.40	2.30	lunch stop
	✓ May Beck (car park)	NZ 892024	9½	180½			clouded ov
	✓ B.1416 road	NZ 901041	10¾	181¾	2.55		
	X Hawsker	NZ 928074	14¾	185¾	4.10		
	X Robin Hood's Bay	NZ 953049	19	190	5.30		the sun ca out jus as went padd

REGEL NUMMER ZES Verken een stad altijd te voet. Van Mumbai tot Santiago, van Venetië tot Wenen, alle wereldsteden heb ik te voet ontdekt. Ik koop een goede wandelgids en als ik dorst of honger heb, leg ik aan in kleine, lokale cafés. Neem zo nodig een plaatselijke gids en laat die voor taxi's en dergelijke zorgen. Ga nooit met georganiseerd toeristenvervoer, zoals een limo met airconditioning of een bus. Ik hou van het lawaai en de chaos in een grote stad. Van de geuren, de kleuren en de winkels. Op de achterbank van een limo ervaar je niet meer dan de luchtstroom van de airconditioning. Wees flink, **WANT HET LEVEN IS DE KORT OM JE NIET ONDER DE PLAATSE-LIJKE BEVOLKING TE MENGEN.**

Jaren geleden heb ik voor de BBC een serie gemaakt, getiteld *Rough Guides*. De bedoeling was om de kijker de echte versie van bekende reisbestemmingen te laten zien. We gingen naar Senegal, Madrid, Jamaica en Napels. We vroegen plaatselijke medewerkers naar de hipste cafés, de beste restaurantjes, de leukste clubs en de apartste winkeltjes. De serie was jarenlang een immense hit, werd wereldwijd uitgezonden, won massa's onderscheidingen en werd veel geïmiteerd. Laat je op je reizen voortaan leiden door de principes van die serie.

DOE ZOALS DE AUTOCHTONEN, DAN ZIT JE ER NOOIT VER NAAST!

LIFE'S TOO F***ING SHORT...
OM JE HUIS DOOR IEMAND ANDERS TE LATEN INRICHTEN

- Verspil geen geld aan binnenhuisarchitecten
- Ontwikkel je eigen stijl
- Verander je leefomgeving regelmatig

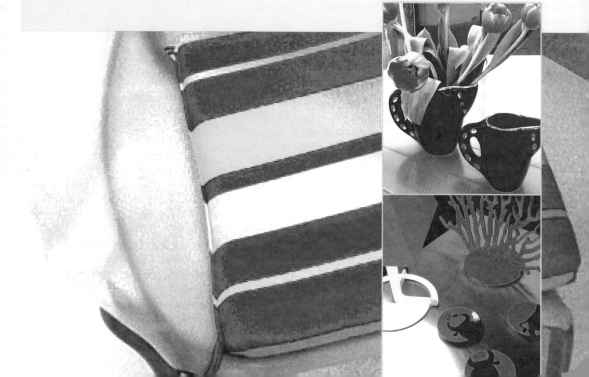

Laat ik je één ding zeggen: je hebt geen vette bankrekening nodig om je eigen interieurstijl te ontwikkelen. Het gaat erom dat je je lekker voelt in je eigen omgeving. Wat je absoluut niet nodig hebt, is een deskundige om je daarbij te adviseren. Ze vragen je meer dan 60 euro per uur. Niet doen!

NIET DOEN:
* een binnenhuisarchitect inschakelen
* veel geld aan je interieur uitgeven
* eindeloos naar kleurenstalen turen

WEL DOEN:
* je eigen stijl te ontwikkelen
* met een kritische blik door je spullen gaan
* tijd steken in het realiseren van je dromen

Door de jaren heen is mijn smaak regelmatig bekritiseerd en gekopieerd. Maar ik ben ook vaak gevraagd om voor veel geld over design te praten. Ik heb op kamers gewoond, in een rijtjeshuis, een achttiende-eeuws zeemanshuis aan de Theems, een kleine cottage in Yorkshire en ik heb alle ellende doorstaan die het bouwen van een nieuw, door een architect ontworpen huis in het centrum van Londen met zich mee brengt.

IK DOE NIETS LIEVER DAN MIJN INRICHTING VERANDEREN EN ZODRA IK KLAAR BEN, BEGIN IK WEER IN EEN ANDERE KAMER TE SCHUIVEN.

Ik vind het heerlijk om de deur achter me dicht te doen en door mijn huis te dwalen met de muziek keihard aan. Het is alsof je de hoofdrol speelt in je eigen film, maar dan zonder de bemoeienissen van een regisseur, cameraman of tegenspelers.

Laten we met de belangrijkste kamer beginnen: de slaapkamer. Wat wil je zien als je 's avonds gestrekt gaat? Chaotische bende of strakke eenvoud? Kijk je wel eens in woonbladen naar foto's van andermans huizen? Vind je ook niet dat de slaapkamers er altijd zo netjes en georganiseerd uitzien? Heel anders dan bij jou thuis? Daarom heb ik in mijn slaapkamer de grootst mogelijke garderobekast laten plaatsen. Eentje met deuren (dus géén gordijnen!) die alles aan het zicht onttrekken. Al mijn kleren gaan erin en alles wat ik niet direct nodig heb, stop ik in dozen. Kleren die ik al twee jaar niet heb gedragen, gooi ik weg.

BLIJVEN SCHUIVEN
IK HEB MIJN HELE LEVEN AL EEN ENORME VERZAMELWOEDE.

Ik verzamel art deco-meubels, papieren waaiers uit de jaren twintig, theepotten, aardewerk van Susie Cooper en Keith Murray uit de jaren veertig. Twintig jaar lang heb ik in Groot- Brittannië en de rest van Europa vlooienmarkten afgestruind. Ik ben zelfs getrouwd geweest met een man met dezelfde kwaal (hij had duizend stuks blauw-wit Staffordshire aardewerk, tweehonderd Corned Beef-blikopeners, een verzameling zwaarden en militaire aquarellen. Een nachtmerrie!).

In 1986 had ik inmiddels zoveel troep verzameld dat ik er drie verdiepingen mee kon vullen. Het stond allemaal stof te verzamelen terwijl ik een gloednieuw huis liet bouwen. Er zat maar één ding op: weg ermee. Ik verkocht mijn designerkleding uit de jaren 1960-1980 aan veilinghuizen en vlooienmarkten. Ik hield samen met mijn zus een serie kofferbak-markten. Ik deed mee aan rommelmarkten speciaal voor beroemdheden en verkocht al mijn art deco-meubels terug aan de handela-

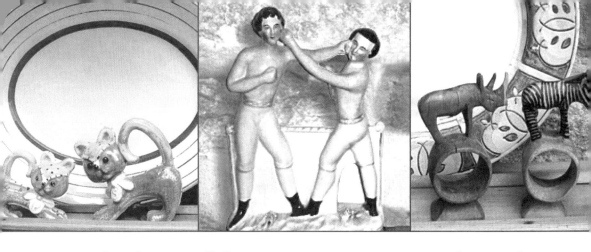

ren. Ik sprak met mezelf af om nooit meer zo extreem te verzamelen. De echtge-
noot vertrok en daarmee ook 75 procent van mijn spullen. Ik bewaarde een paar
porseleinen voorwerpen, die ik uitstalde op een oud buffet, samen met nog wat
ongeregelde objecten.

EXTREEM VERZAMELEN IS EEN VERSLAVING – LAAT JE VERZAMELWOEDE JE LEVEN NIET BEHEERSEN.

Als ik nu merk dat de spullen zich weer gaan opstapelen – te veel borden in visvorm
(ik had er honderd!), te veel zeldzame peper-en-zoutstelletjes of te veel nepsieraden
– haal ik er zes of zeven favoriete stukken uit en vraag mijn vriendin of ze de rest
voor mij op e-bay wil verkopen. De winst verdelen we onder elkaar.

Het leven is te kort om te wachten tot al die spullen meer waard zullen zijn – ver- koop alles en wees blij met wat je ervoor krijgt.

'SCHIFTEN, SCHIFTEN, SCHIFTEN.'

Of het nu schilderijen, etsen, vazen of op het strand gevonden schelpen zijn, voor al je verzamelobjecten geldt dat hoe langer je ze hebt, hoe meer je ze als vanzelfsprekend gaat beschouwen. Vervang de voorwerpen op je schoorsteenmantel en in je boekenkast om de paar maanden. Je zult verbaasd staan hoe leuk je de nieuwe opstelling zult vinden. Hetzelfde geldt voor wat er aan de muur hangt. Verander het om de paar jaar. Breng die ouwe vieze posters naar een rommelmarkt.

WAT MOET JE EIGENLIJK MET EEN WAND VOL STOFFIGE POCKETS?

Heb je zo'n lage dunk van jezelf dat je je bezoek moet imponeren met de laffe inhoud van je bibliotheek? Ga met een bezem door je boekenkast en bewaar alleen de naslagwerken en de boeken die je zo dierbaar zijn dat je ze wellicht nog eens gaat herlezen, die je van een speciaal iemand hebt gekregen en die er gewoon te mooi uitzien. Breng de rest naar een liefdadigheidsinstelling of een winkel met tweedehandsboeken. Ze doen geen sodemieter behalve ruimte innemen. En die ruimte, die jij voor veel geld hebt gehuurd of gekocht, kan veel productiever worden aangewend.

Dat moet je mantra zijn.

LAAT JE HUIS NOOIT DOOR IEMAND
ANDERS INRICHTEN

Als je een stapel tijdschriften doorbladert, kom je algauw op ideeën en kleurencombinaties waarmee je je eigen stijl kunt ontwikkelen. Je hoeft echt geen kapitalen uit te geven aan meubels en gordijnen. Ook voor je keukenopstelling heb je geen expert nodig. Ga gewoon naar Ikea. Daar liggen de ideeën gratis voor het oprapen. In de meeste winkels wordt tegenwoordig met keukenplanners gewerkt. Schakel nooit een architect in. Ervaring heeft mij geleerd dat zij geen goed functionerende keuken kunnen ontwerpen.

Als je je keuken wilt verbouwen, heb je natuurlijk wel een architect nodig. Zij kunnen een muurtje weghalen, nieuwe ramen inzetten of een uitbouw maken zodat je meer licht in je keuken hebt. Zoek een architect via de beroepsvereniging en kijk of hun werk je aanspreekt. Vraag of ze een junior medewerker bij je langs willen sturen en laat hem of haar suggesties aan de hand doen hoe je de bestaande ruimte in je huis het meest efficiënt kunt benutten. Leg van tevoren een offerte vast en laat je niet overhalen om een percentage van de uiteindelijke verbouwingskosten te betalen. Bespreek je ideeën, luister naar deskundig advies en begeleid de klus uiteindelijk zelf. Dat is de enige manier om de kosten te drukken en de zaak gesmeerd te laten verlopen.

Ik hou van een combinatie van antiek en modern. Een interieur in een en dezelfde stijl is sneller gedateerd dan welke jas of jurk ook.

Aan de muren heb ik ingelijste foto's van vrienden hangen. De lijsten zijn nieuw gekocht of afkomstig van rommelmarkten. Elk jaar verwissel ik de foto's en hang ze ergens anders. Ik verzamel oude potten en kannen, handgemaakte wandelstokken en bijzondere menukaarten. Ik combineer het goedkope met het zeldzame. Ik laat niet één soort object overheersen. Ooit vond ik ergens een paar oude geborduurde merklappen, die ik heb laten inlijsten. Hetzelfde deed ik met tekeningen die ik heb verzameld. Ook heb ik maskers uit allerlei delen van de wereld.

Hanteer de volgende vuistregel bij het inrichten van je huis: hou het simpel.

In mijn huis in Londen heb ik een spierwitte woonkamer. Ter compensatie van al dat wit heb ik een ijzeren tuintafel, die dienst doet als eettafel, zuurstokroze laten spuiten. Ik heb gewone stapelbare plastic stoelen, met gestreepte katoenen kussens (eigenlijk bedoeld voor tuinstoelen) die ik in een Franse supermarkt op de kop heb getikt. Mijn kleurenschema beperkt zich tot de felle primaire tinten van de kussens en het turquoise tweed van de bank en de bonte kussenovertrekjes, gemaakt van op de markt gekochte couponnetjes. Deze stijl met zo min mogelijk frutsels kostte me geen cent. Van een cactus die ik uit Amerika had meegenomen, heb ik een lamp gemaakt. Als het me gaat vervelen, laat ik de bank opnieuw bekleden of ik koop een andere.

In de afgelopen acht jaar heb ik vier verschillende banken gehad. Een bank is een blikvanger in je kamer en bovendien modegevoelig. Koop regelmatig een nieuwe.

IK BEN NET ZO VAAK VAN BANK GEWISSELD ALS VAN MAN. IK KAN ER ALTIJD MIJN DIKKE KONT OP KWIJT ZONDER DAT HIJ COMMENTAAR GEEFT. Na je bed is een goede bank het belangrijkste meubelstuk in je huis. Waar zit je te snotteren als je eenzaam bent? Waar lig je uit te zieken als je je beroerd voelt? Waar ga je het eerst uit de kleren als je net een nieuwe vlam hebt?

MEUBELS HEBBEN EEN FUNCTIE. HET ZIJN JE VRIENDEN NIET. DUS ALS JE ER GENOEG VAN HEBT, DOE JE ZE WEG EN KOOP JE ANDERE.

Mijn stijl is niet makkelijk te omschrijven. Goedkope rommel en echte kunst-werken krijgen allemaal een plekje. Waar het om draait, is dat al mijn spullen iets voor me betekenen. Ze staan er niet om iemand anders te imponeren. Dat is het beste advies dat ik je kan geven.

TOON LEF EN OMRING JE MET JE FAVORIETE SPULLEN EN NIET MET EEN OF ANDERE ZIELLOZE KUNSTMATIGE STIJL DIE DOOR JE EEN WOONBLAD IS AANGEPRAAT.

Mij kan het niks schelen of geschuurde planken 'in' of 'uit' zijn. Ik koop een oude ladekast en laat er een wastafel in zetten, zodat ik in de laden eronder mijn make-up en handdoeken kwijt kan. In mijn boerderij in Yorkshire heb ik de gordijnen weggehaald en houten rolgordijnen laten maken. De oude plankenvloer werd geschuurd en in de was gezet. Ik heb er oude lappenkleedjes uit de jaren vijftig op gelegd, die ik in de plaatse-lijke uitdragerijen op de kop heb getikt. In de hoek van de kamer staat een maf tafeltje dat mijn vader tijdens de oorlog van stukken telegraafpaal heeft gemaakt. In een art deco-vaas heb ik felroze plastic rozen van Woolworth gedaan om een beetje kleur te geven aan de donkere ruimte.

Een paar jaar geleden kwam *The Sun* erachter dat ik een klein huisje aan de kust in

Kent had. Toen ik een keer niet thuis was, hebben ze binnen gekeken. In de krant verscheen een stuk waarin werd geschreven dat mijn magnolia geschilderde muren helemaal fout waren! Het idee dat een krantje als *The Sun* zich ineens opwerpt als de smaakpolitie op het interieurgebied is bijna lachwekkend.

Naar mijn mening is er niets mis met muren die crème zijn geschilderd.

Waar ik niet tegen kan, zijn snobs die zweren bij een peperdure emulgerende verf gebaseerd op door de National Trust goedgekeurde kleuren, waar in het wit een vleugje blauw of geel zit, gemaakt volgens een eeuwenoude formule door een zeer gerenommeerd bedrijf zoals Farrow and Ball.

Het gros van de mensen ziet het verschil niet tussen doorsnee of designer witte verf.

Hetzelfde geldt voor crèmekleurige linnen gordijnen. Voor de gordijnen van mijn strandhuis heb ik steigerpalen gebruikt en de goedkoopste ongebleekte katoen bij John Lewis gekocht. Het bed heb ik door een bevriende timmerman laten maken van spoorbielzen. Op het bed liggen oude katoenen quilts. Als ik door Schotland reis, schaf ik goedkope wollen plaids aan, meestal blauw-wit geruit zodat ze in mijn kleurenschema passen. Het is echt niet zo ingewikkeld, hoor. De eetkamerstoelen zijn van ongeschilderd gegalvaniseerd staal, de eettafel van geribbeld aluminium.

DE TRUC IS OM HET AANTAL KLEUREN EN MATERIALEN ZO BEPERKT MOGELIJK TE HOUDEN

– veel blauwtinten tegen een crèmekleurige achtergrond en verschillende grijze metaalsoorten voor het meubilair en de verlichting. Alles zo simpel mogelijk. Het laatste wat ik wil is iemand anders voorschrijven hoe hij zijn huis moet inrichten. Ik kan je alleen maar vertellen hoe ik het doe.

Je moet het lef hebben om in te zien dat je persoonlijke smaak nooit goed of fout kan zijn. Het gaat erom dat je jezelf kunt uiten.

KORT SAMENGEVAT

* Doe overbodige rommel de deur uit
* Kies een kleurenpalet dat in een donkere of lichte ruimte past, dus één hoofdkleur en een complementaire kleur (bijv. oker en wijnrood in een donkere ruimte of crème en blauw in een lichte ruimte.
* Zet kleine voorwerpen bij elkaar en verwissel ze regelmatig
* Vervang of verschuif je meubels om de paar jaar
* Combineer oud en nieuw met tweedehands vondsten en speciale voorwerpen.

LIFE'S TOO F***ING SHORT OM EEN MODESLAAF TE ZIJN

- Laat je lichaam op zijn voordeligst uitkomen
- Doe het met koopjes
- Creëer je eigen look

ZEG ME HARDOP NA:
IK WIL NIET DOOD GEVONDEN WORDEN IN

* een poncho
* schoenen met een sleehak
* pvc-broek
* een jumpsuit

NOOIT, NOOIT, NOOIT!

In je eigen stijl voel je je het lekkerst, wat anderen er ook van zeggen. Op het gebied van kleding heb ik altijd een heel uitgesproken smaak gehad. De *Daily Mail* heeft ooit twee pagina's gewijd aan foto's van de kleding die ik de afgelopen twintig jaar heb gedragen. Uiteraard zaten daar afgrijselijke outfits tussen, maar het was wel herkenbaar! In Groot-Brittannië wonen de meest diverse, creatieve en fantasierijke mensen van de wereld. Dat zie je aan onze mode, onze kunst, onze moderne muziek. Maar ook jij kunt je eigen smaak ontwikkelen, als je maar om je heen kijkt.

WAT JE DRAAGT MAG NIET TE VEEL GELD OF MOEITE HEBBEN GEKOST. ALS JE DIT BOEK GOED HEBT GELEZEN, WEET JE DAT HET LEVEN DAAR VEEL TE KORT VOOR IS. VAN BELANG IS DAT JE WEET WAT JE STAAT. HOU JE DAARAAN VAST, ONGEACHT WAT DE MODEMAFFIA ERVAN VINDT.

De tranen springen je in de ogen als je al die vrouwen met die afgrijselijke sleehakken aan hun voeten ziet lopen, alleen maar omdat dat 'modern' is. Sommige dingen kunnen gewoonweg niet in de mode zijn, wat de zogenaamde modegoeroes er ook van vinden.

NAALD EN DRAAD. Vanaf mijn elfde ben ik al geobsedeerd door mode en heb ik geleerd mijn eigen kleding te maken door patronen naar mijn eigen smaak aan te passen. Ik hield in een schrift bij wat ik maakte en hoeveel de stof gekost had. Ik spaarde voor kledingstukken die ik heel graag wilde hebben, zoals een leren jack. Als ik het dan had gekocht, rolde ik het kledingstuk op en legde het twee weken onder mijn matras als ik sliep, zodat het er niet zo verschrikkelijk nieuw uitzag als ik er voor het eerst mee naar buiten ging. Dat doe je alleen als je gek van mode bent. Het was bijna een soort religie. Zware schoenen, smalle kokerrokjes en tassen met suède randjes, het moest allemaal perfect zijn.

Als twintiger heb ik vier jaar over mode geschreven in de *Daily Mail* en de *London Evening Standard*. Ik liep alle modeshows in Londen en Parijs af. En ineens was ik er helemaal klaar mee! De wereld van de mode was me gaan tegenstaan. Bovendien ontdekte ik dit:

de meeste mensen die in de modefotografie of -journalistiek werkzaam zijn kijken neer op gewone mensen.

Ze zijn niet geïnteresseerd in individuen. Zij leven op een andere planeet waar alleen de mode bestaat. Ze vinden de nieuwste modetinten of de hoogte van de hakken belangrijker dan armoede, hypotheektarieven of het drankmisbruik onder tieners. Vroeger vond ik elke nieuwe rage leuk, nu vind ik het verderfelijk en onbelangrijk.

Clothes 1963		cost	paid for by
5 Jan	Handbag	1 - 10 - 0	me
6 Jan	Navy jumper	1 - 10 - 0	25/- me 5/- mum
4 Feb	Coat	10 - 10 - 0	mum & dad
23 Feb	Cardigan	2 - 7 - 6	£2-5 mum 2/6 m
23 Feb	Brooch	Given	by mum
4 March	Blouse	1 - 14 - 11	mum
20 March	Denim Jeans	1 - 10 - 0	£1-5 me 5ᵉ mum & da
	Scarf	Given	Aunty Eileen
7 April	Shoes	3 - 0 - 0	Mum
5 May	Scarf	-	Nain
11 May	Nightie	-	Mum
25 May	Dress Material etc	1 - 10 - 0	Me
3 June	" "	1 - 5 - 0	Me
22 June	Denim Skirt (Brown)	1 - 10 - 0	Me
22 June	Tee Shirt	16 - 11	Mum
4 July	Pumps oles	17 - 11	10ˢ Mum 8ˢ m
1 July	Swimsuit	2 - 0 - 0	Mum
13 July	Dress Material	1 - 1 - 0	6ˢ mum + me 15ˢ
20 July	Bag	1 - 0 - 0	Mum
22 July	Slip	10 - 11	Me
20 July	Bra	7 - 6	Mum
23 Aug	Flat Shoes	2 - 0 - 0	Me
23 Aug	Suede Shoes	3 - 0 - 0	Me

In de eenentwintigste eeuw moeten we af van het oude idee dat mode onderhevig is aan seizoenen. Je kunt toch niet een hele lading kleren weggooien en vervangen door nieuwe? Modejournalisten proberen ons dat achterhaalde idee nog steeds aan te praten, ZODAT WIJ MEER KOPEN DAN WE NODIG HEBBEN en zij van hun salaris verzekerd blijven. Ons land wordt overspoeld door goedkope kleren, die zijn gemaakt in de derde wereld, vaak door zwaar onderbetaalde arbeiders. Daardoor kunnen wij voor twaalf euro een spijkerbroek kopen, een T-shirt voor zes euro en een feestjurk voor 25 euro. Meestal zien die kleren er na een paar keer wassen al niet meer uit en gooien we alles weg.

Laat die goedkope kleren lekker hangen! Je eet toch ook geen goedkope rotzooi die onder barre omstandigheden is geproduceerd. Waarom zou je het dan wel dragen?

De meest trouwe items in mijn klerenkast, die ik tot op de draad afdraag, zijn jassen. Ik moet altijd lachen als ik in modebladen lees dat jassen helemaal uit zijn en dat we jacks moeten dragen. Jacks? En als ik in december op de bus sta te wachten? Of als ik in weer en wind boodschappen moet doen? Of in een rij voor de bioscoop sta? Zonder een dikke jas red je het niet in de winter, tenzij je over een chauffeur, een onbeperkt taxibudget of een privévliegtuig beschikt. Denk vooral niet dat je er in een gewatteerd ski-jack aantrekkelijk uitziet.

Ongeveer dertig jaar geleden heeft Doug Hayward, de beroemde kleermaker die onder andere voor Sean Connery en Michael Caine werkte, een prachtige, lange, nauwsluitende donkerblauw kasjmieren jas voor mij gemaakt. Die draag ik nog steeds, als bewijs dat een goede jas altijd van pas komt. Ik heb ook nog een paar vroege Alexander McQueen-jassen van bruine wol en zwart kasjmier. En een schitterende tweedjas van Dries van Noten. Al die jassen zijn al meer dan vijftien jaar oud. Ik koop nooit goedkope jassen. Om de paar seizoenen koop ik een jas in een kleur of materiaal die ik nog niet heb. Nog steeds draag ik een tien jaar oude, geelgroene zijden zomerjas van Max and Co en een kobaltblauwe suède jas van Betty Jackson die ik in de uitverkoop heb gekocht. Ik gooi een jas pas weg als hij echt uit elkaar valt van ouderdom, zoals de turkooizen mohair trenchcoat van Gucci die er op het laatst uitzag als een versleten deurmat.

In kleding die bij je past voel je je lekker. Maar voor veel mensen is shoppen voor kleding een regelrechte ramp. Het leven is te kort om in pretentieuze designerboetieks door te brengen.

Een paar jaar geleden ging ik naar een gerenommeerde boetiek in een zijstraat van Bond Street om een Alexander McQueen-jurk te kopen die ik in een tijdschrift had gezien. Een broodmager, arrogant meisje kwam op me af en toen ik naar het betreffende jurkje in maat 40 zocht wierp ze me een medelijdende blik toe, alsof ik zojuist in mijn broek had geplast. Ze zei:

'HET SPIJT ME, MEVROUW, MAAR DIE MAAT VERKOPEN WE HIER NIET.'

In wat voor wereld leven die trutten? Britse vrouwen hebben gemiddeld ten minste maat 42. En bovendien wordt de meeste designerkleding gekocht door rijke vrouwen boven de dertig die niet (meer) in maat 34, 36 of 38 passen.

Laat je niet vernederen en koop je kleren via het internet of via een *personal shopper* in een gerenommeerd warenhuis. Als je via internet shopt, zorg dan wel dat je het mag ruilen. Wees eerlijk over je maat en stel zo veel mogelijk vragen over het model. Maar raak niet verslaafd aan online shoppen. Op het internet zul je zelden een minnaar, een nieuwe baan, een leuker huis of een vriend vinden. Het enige wat je ervan krijgt is schulden.

Personal shoppers in een warenhuis vragen geen geld voor hun diensten. Ik maak gebruik van het fantastische team van Liberty in Londen. Ze kennen mijn maat en mijn smaak. Dat hebben we bij onze kennismaking uitgebreid besproken. Je kunt vragen of ze je bellen als er iets geschikts voor jou is binnengekomen. Jij kunt ze overal vandaan bellen of e-mailen als je bijvoorbeeld een jurk voor een bruiloft of een mantelpakje voor een sollicitatiegesprek nodig hebt. Zij zijn ervoor om jouw probleem onmiddellijk op te lossen. Ze zijn er niet om het geld uit je zak te kloppen of om je iets op te dringen en als je je oog hebt laten vallen op een jurk, weten zij precies wie hem ook al heeft gekocht. Bovendien zijn het meesters in het verhullen van je dikke achterwerk of je niet-bestaande taille.

Alle vrouwen aan de top die ik ken hebben een personal shopper. Die zijn namelijk veel eerlijker dan welke vriendin ook.

Laat je niet intimideren. Elke gerenommeerd Engels warenhuis heeft een team personal shoppers. Ze zijn er om je te helpen.

Als je zo je kleding koopt, geef je veel minder uit. Je koopt alleen kleding die bij je past en je minstens een jaar zult dragen, zoals een broek met een uitsteken-de pasvorm of een getailleerd jasje. Die kun je weer combineren met T-shirts en rokken van een merk als Gap. Ik mijd boetiekjes als de pest. Als je niet maat 34,

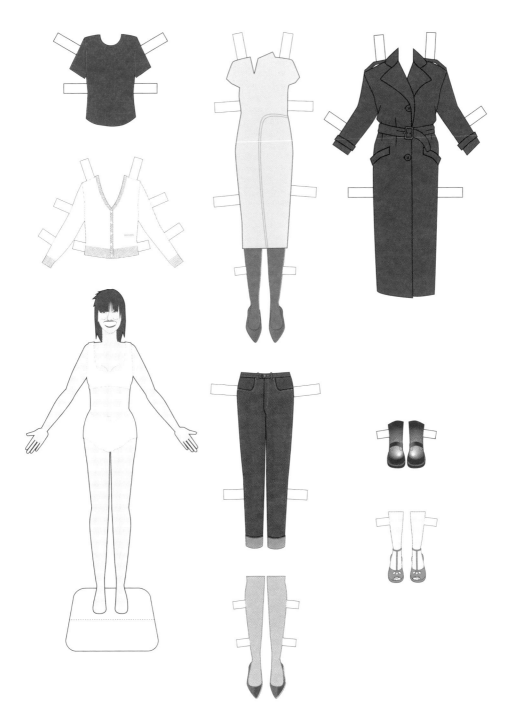

36 of 38 hebt, sta je voor een gesloten deur. Het personeel is veel te familiair en het is lastig om je niet door het enthousiaste personeel van alles te laten aansmeren. In een warenhuis gaat het er afstandelijker en zakelijker aan toe.

JEANS KOPEN.
DE ULTIEME NACHTMERRIE!

Jeans kopen is een regelrechte ramp. Er zijn ook zoveel verschillende modellen! Bootleg, hoge of lage taille, smalle of uitlopende pijp, elke keer ik ben ik ten einde raad als ik een nieuwe jeans moet kopen. Mijn OPLOSSING: ik ga naar een warenhuis met een speciale afdeling voor lange mannen (Selfridges bijvoorbeeld) en stap op de knapste winkelbediende af en vraag of hij een jeans voor mij kan uitzoeken. Het kan me geen bal schelen wat hij over de omvang van mijn achterwerk denkt. Alleen al op grond van de statistieken zullen er in een gemiddelde werkweek heus nog wel een paar dikkere varianten langskomen. Het beste kun je op een doordeweekse dag gaan, als het rustig is in de winkel en het personeel zich te pletter staat te vervelen en bereid is alle rekken af te zoeken naar iets in jouw maat. Nog beter is het om je homovrienden te vragen of ze nog van plan zijn hun spijkerbroeken weg te doen of aan een goed doel te geven. In ruil voor hun afdankertjes geef jij dan een bedrag aan het goede doel. Zo tik je voor een zacht prijsje een lekker ingelopen designerjeans op de kop.

NIEMAND IN DE MODEBRANCHE BETAALT OOIT DE ECHTE PRIJS VOOR EEN KLEDINGSTUK.

Trek je niets aan van wat volgens de modebladen dit seizoen 'in' is. Geef je eigen draai aan de mode. Kies één modekleur of koop een hippe nieuwe stof, een top, of een paar ondoorschijnende of gedecoreerde panty's. Mijn basisgarderobe verandert eigenlijk niet veel: een mannenjeans (langer en smaller), grote vesten in felle kleuren, witte of zwarte T-shirts van Loft (die koop ik als ik Parijs ben, maar Loft heeft ook een website en goede basicspullen zoals joggingbroeken met rechte pijp). Ik heb maar een paar jurken, omdat je die niet kunt combineren. De jurken die ik heb, zijn van zachte jersey met een print en kreuken niet als ik ze in mijn koffer moet opvouwen.

ALS JE JE SCHOENEN LANGER DAN DRIE MAANDEN WILT DRAGEN, MOET JE VOOR CHIQUE KLASSIEKE MODELLEN GAAN.

Zes jaar geleden heb ik ruim 500 euro neergelegd voor een paar onweerstaanbare zwarte motorlaarzen van Versace, maar ik draag ze nog steeds elke winter, dus dat geld heb ik er wel uitgehaald. Ik heb zwarte suède enkellaarsjes van Tods uit de jaren tachtig, vijf jaar oude Y3-sportschoenen in paars lakleer, met edelsteentjes versierde pumps van Ferragamo die ik tien jaar geleden cadeau heb gekregen. Overdag draag ik alleen maar platte schoenen, maar ik ben dan ook vrij lang dus ik hoef mijn benen niet langer te laten lijken. Hoge hakken draag ik uitsluitend op feestjes.

ZOEK EEN GOEDE KLEERMAKER

Speur alle kleine advertenties in de plaatselijke krant af, bestudeer de prikborden in de supermarkten, vraag iedereen in de buurt waar je woont en op je werk of ze iemand kennen die handig is op de naaimachine. Als je er een hebt gevonden, geef hem dan je favoriete broek en laat hem die in elke gewenste stof namaken. Als je een broek met de ideale pasvorm hebt gevonden, heb je eigenlijk alleen nog een paar jeans nodig, en klaar ben je.

Bij sommige stomerijen kun je je kleren ook laten verstellen of veranderen. Geef ze regelmatig een dikke fooi zodat ze bereid zijn al je kleren te veranderen zoals jij dat wilt. Ik heb wikkelrokken laten veranderen in gewone ritsrokken, lange rokken in korte rokken en broekrokken in plooirokken. Ooit heb ik in de uitverkoop een Donna Karan-pak gekocht, waarvan het jasje te groot was. Voor twaalf euro heb ik het laten vermaken tot een ideale herfstoutfit.

Sinds ik als tiener mijn eigen kleding naaide en later als student kleren maakte voor boetieks, weet ik dat naaien een vak is dat respect verdient. Ik heb een naaister die voor de bruiloft van Matt Lucas vorig jaar een kostuum voor me heeft gemaakt (ik ging als snijboon!) Voor een galafeest heeft ze ooit van zwarte veren een jacquet voor mij gemaakt en een halterjurkje van een met edelstenen versierde gordijnring. Ze heeft minuscule bh-tops gemaakt voor onder doorschijnende katoenen hemdjes die ik voor zes euro in India heb gekocht. Ze naait een voering in linnen broeken zodat ze er niet zo gekreukt uitzien.

Koop zo veel mogelijk stoffen als je op vakantie bent. Ik kom steevast terug met enorme lappen zijde, geborduurd katoen en effen linnen. Op rommelmarkten koop ik oude gordijnen en kant. Ik leg een voorraad stoffen aan, zodat mijn naaister er op een dag iets heel bijzonders van kan maken.

Een designerjurk is niet heilig, hoor. Het is gewoon een jurk, geen religieus reli-kwie. Zodra mijn designerkleren me gaan vervelen, laat ik ze veranderen. De mouwen eruit, de rokken korter, de jurken ingenomen. Wat de ontwerper daarvan vindt, kan me niets schelen. Kleding is er voor mij, en niet andersom.

MAAK JE KAST OPEN EN GOOI ALLES WEG WAT JE TWEE JAAR NIET MEER HEBT GEDRAGEN.

* Geef de kleding aan het Leger des Heils of Emmaus

* aan de kringloopwinkel

* aan je werkster

* aan slankere vriendinnen

* Of organiseer een ruilavondje met vriendinnen. Trek een paar flessen wijn open en ruil jouw afgedankte kleding voor die van een ander.

Leg geen voorraad aan van de ondraagbare, onmodieuze en abominabele miskopen.

Denk eraan,

Begrijp me niet verkeerd: ik lees nog steeds graag over mode, maar ik wil geen modeslaaf zijn. Alles wat ik zie en lees, wordt genadeloos gefilterd. Ik neem alleen over wat bij mij past.

UITZOEKEN WAT BIJ JE PAST, DAT IS DE TRUC!

Bestudeer de nieuwe trends, maar investeer er niet te intensief in. Niets maakt ouder dan je geforceerd jeugdig te kleden. Draag geen grote, opzichtige sieraden, tenzij je langer bent dan 1 meter 80. Vermijd overbodige laagjes, lange wapperende shawls, flapperende tassen, onnodige frutsels. Denk gestroomlijnd, ongeacht wat de mode voorschrijft. Als je iets vindt wat je goed staat, koop dan meteen meerdere exemplaren.

MODE KAN EEN GEWELDIGE STIMULERENDE KRACHT ZIJN, ALS JE ER OP DE JUISTE MANIER MEE OMGAAT.

Laat je leven niet overheersen door de mode. Dan ben je verkeerd bezig. Als de klok in de herfst wordt teruggezet, pak dan al je zomerkleren in een koffer. Zo creëer je meer ruimte in je kast. Haal de koffer met Pasen weer tevoorschijn en gooi alles weg wat niet meer past of er niet meer mooi uitziet.

MINDER IS MEER.

LIFE'S TOO
F***ING SHORT
OM JEZELF REGELS
OP TE LEGGEN
WAARAAN JE
TOCH NIET KUNT
VOLDOEN

* Negeer het geleuter in de media
* Maak je eigen regels en hou je eraan
* De beste strandtas, de lekkerste badolie of het hipste T-shirt? Maak je niet druk.

Het lijkt alsof we bakken met geld hebben maar geen tijd om het uit te geven. Tegelijkertijd gaat een record aantal mensen gebukt onder zware schulden. Het gebruik van onze creditcards is finaal uit de hand gelopen. We shoppen om ons beter te voelen, maar op de lange termijn raken we depressief van de rekeningen die zich opstapelen. Maar nog zieker dan van hoge rekeningen word ik van de overdaad aan keus. Dat is een neveneffect van onze overvloed en onze emotionele en culturele armoede; het logische gevolg van een samenleving waarin shoppen wordt beschouwd als een legitieme hobby (zoals vliegvissen of judo), is dat er voor elk aspect van ons leven een duizelingwekkend aantal keuzemogelijkheden is, alsof we daar status aan ontlenen. Hé, kijk mij eens, ik kan uit honderd verschillende kurkentrekkers kiezen, dus ik moet wel een buitengewoon intelligente, bewuste consument zijn! Wat een flauwekul!

Te veel keus is vermoeiend en geeft alleen maar extra problemen. Kiezen vreet bijvoorbeeld kostbare tijd – en met welk doel?

VEEL KEUS ZEGT NIETS OVER DE KWALITEIT EN BETEKENT EVENMIN DAT JE UITEINDELIJKE AANKOOP JE LEVEN OP WAT VOOR MANIER DAN OOK ZAL VERBETEREN.

Een zekere mate van keus is natuurlijk prettig. Zo kunnen we op basis van onze persoonlijk eisenpakket en budget van alles kopen, variërend van voedsel tot hebbedingetjes, van kleding tot huizen. Maar het aanbod dat we tegenwoordig in de winkels krijgen voorgeschoteld is weerzinwekkend. Neem nu bijvoorbeeld tomaten. De meeste mensen willen een zongerijpte, smaakvolle en liefst onbespoten tomaat. Voor ander fruit en groenten gelden dezelfde criteria. Bovendien gaat onze voorkeur uit naar plaatselijk geteelde, biologische (seizoens)producten.

De afgelopen tien jaar is er al veel geschreven over de bureaucratische regeltjes van de EU, waardoor fruit- en groentetelers het hebben opgegeven om oude appel-, pruim- en aardappelrassen te kweken. Elke zondag kun je dezelfde klaagzang in kranten zoals *The Telegraph* lezen. Vreemd genoeg lijkt het omgekeerde nu te gebeuren: gestimuleerd door klanten die wel eens iets anders willen, zijn veel biologische boeren bijzondere groentesoorten gaan telen. Supermarkten liften mee op dat succes, met als gevolg dat er nu zoveel verschillende soorten tomaten worden aangeboden dat je er duizelig van wordt. Maar of ze nu zo groot als knikkers of tennisballen zijn, pruimvormig of rond, aan een tros hangen of niet, geel, kastanjebruin, bloedrood of groen-oranje gestreept zijn, hoe smaken ze?

Wie zich bij de aankoop van voedsel door iets anders laat leiden dan de smaak, is niet goed wijs.

De meeste supermarkten laten hun verse (een ruim begrip in dit geval!) producten verpakken op kilometers afstand van de winkel. De producten zijn over het algemeen niet rijp geplukt en als gevolg daarvan is het merendeel ronduit smakeloos. En als je een tomaat – welk soort ook – in de koelkast legt, gaat de heerlijke smaak voorgoed verloren.

Beschouw die vrolijke rode tomaten als je vrienden die je maaltijd opfleuren, dus waarom zou je die arme donders de laatste dagen van hun leven in een koude, donkere witte kunststof kast laten doorbrengen? Als God had gewild dat tomaten in de koelkast leefden, zou hij ze heus niet uit gele bloemen aan grote groene planten hebben laten groeien. Bovendien hebben tomaten twee dingen hard nodig: water en zon, beide niet in de koelkast te vinden.

In mijn opa's huis in Northgate, Noord-Londen, rook het altijd heerlijk. Hij had een moestuin waar hij zijn eigen groente kweekte. Hij hield kippen en eenden in de achtertuin. Rode, groene en gestreepte tomaten lagen in grote schalen te rijpen op de keukenkast. Op de vloer stonden houten kisten met pompoenen en onder de trap bewaarde hij potten chutney en ingemaakte pruimen. Overal in huis hing de zoete, bedwelmende geur van de zomer. Die heb ik nooit in de supermarkt geroken.

Maar niet alleen de grote supermarktketens maken het ons veel te moeilijk met hun overweldigende aanbod. Ook Whole Foods, een winkelketen gespecialiseerd in biologische levensmiddelen maakt zich er schuldig aan. In Amerika is Whole Foods marktleider en heeft een miljardenconcern opgebouwd dankzij de klandizie van de milieubewuste middenklasse in de grote steden. Hetzelfde wil het bedrijf in Groot-Brittannië bereiken met de opening van een filiaal met een oppervlakte van 7500 vierkante meter in Kensington High Street, gelegen in de rijkste buurt van het land. Een waar paradijs voor de meest kieskeurige culi. De klant kan er kiezen uit honderden soorten olijfolie, veertig verschillende broodsoorten, veertig soorten worst, zeventien soorten koffiebonen en meer dan vierhonderd kazen. Een soort Harrods, maar dan met een geweten. Rijen met bakken vol sla en kolen, die er dankzij een spray supervers en glanzend uitzien. Zo zie jij er in elk geval niet uit nadat je uren langs de schappen hebt gelopen om je keuze te bepalen. Eenentwintig soorten tomaten! De producten, waarvan minder dan 40 procent biologisch is, komen overal vandaan. Die overdaad aan keus lijkt geweldig, maar

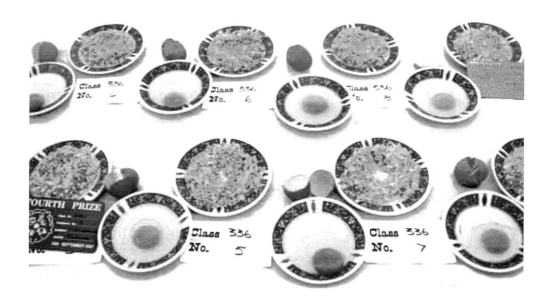

LIFE'S TOO SHORT...

wat betekent het eigenlijk? Dat zal ik je vertellen: het betekent de ondergang van de kleine winkeltjes, waar de eigenaar volgens zijn eigen smaak inkoopt en waar de klant zijn kennis waardeert.

Ik koop liever koffie in een winkel waar ik kan kiezen uit twee of drie soorten die door de winkelier zijn geproefd. Ik wil brood kopen waarvoor de bakker zelf de ingrediënten koopt en dat hij zelf ook graag eet. In het centrum van Whitstable, Kent is zo'n delicatessenwinkeltje dat aan die criteria voldoet. Er werken drie mensen, die zelf de kazen proeven en de olijven inkopen. Ze hebben een paar wijnen in hun assortiment die bij de rest van hun producten passen. Ze verkopen wildzwijnpaté en heerlijke Spaanse ham. Met alles uit deze winkel kun je in no time een verrukkelijke maaltijd samenstellen. Soms hebben ze manden met trostomaten, soms ligt er een stapel focaccia, bestrooid met zeezout en rozemarijn. De eigenaars van deze winkel eten zelf de producten die ze verkopen. In Frankrijk, Italië en Spanje wemelt het nog dit soort winkeltjes.

Aan een groot aanbod heb je helemaal niks, tenzij de keus is gemaakt door iemand met een uitgelezen smaak en kwaliteitszin

en niet een of andere manager van een winkelketen die alleen maar geïnteresseerd is in quota en marketingstrategieën. Terwijl wij achter dat idiote idee van keus aanrennen en ons gemaksvoedsel in supermarkten kopen, gaat de kleine middenstand haar

VOOR ZOVEEL KEUS.

ondergang tegemoet. De ironie wil dat we uiteindelijk veel meer geld uitgegeven aan voedsel dat we niet eten en niet nodig hebben. We kopen het omdat het ons wordt aangeboden.

Bij Marks and Spencer idem dito. Geen enkel soort brood dat daar wordt verkocht haalt bij het Fitness-brood van Betty's Bakery in Yorkshire. Dat brood zit vol voedzame zaden en voelt, net als brood van vroeger, zwaar en grof aan en niet als een spons. Niet voor niks staan er elke dag mensen in de rij voor de filialen van Betty's in York, Harrogate, Northallerton en Ilkley. De klanten weten dat het brood door vakmensen wordt gemaakt. Het smaakt naar brood.

Keus is een zwaar overschat concept. Bovendien is kiezen vermoeiend, vooral wanneer je alleen maar een paar basisartikelen wilt kopen.

Vroeger kon je bij Gap een effen wit T-shirt kopen, met een ronde of een V-hals en met of zonder zakje. Het was jarenlang een vast item in mijn vakantiegarderobe. Na een paar seizoenen kon je hem weggooien, omdat hij grauw was geworden in de was, of blauw als je hem per ongeluk met een jeans in de machine had gegooid. Op een zeker moment begon ook Gap het concept 'keus' te omarmen. Nu hebben ze stretch T-shirts, die om onze dikke buik spannen, dunne T-shirts die je in verschillende kleuren over elkaar heen, in zogenaamde laagjes, moet dragen – wat voor veel vrouwen betekent dat de aandacht op de vetrolletjes in je taille wordt gevestigd. Neem van mij aan dat de laagjesmode, net als de wikkelmode, uitsluitend bedoeld is

voor meisjes onder de twintig. Voor ons ouderen
is het net alsof je een pakketje bent dat half is
uitgepakt of een slordig verbonden oorlogsge-
wonde die net uit het noodhospitaal komt.

ALS JE EEN T-SHIRT VINDT DAT JE GOED STAAT, KOOP ER DAN METEEN TIEN. HETZELFDE GELDT VOOR EENVOUDIG KATOENEN ONDERGOED. HET SCHEELT JE HET KOMENDE JAAR UREN SHOPPEN.

Mijn vale ondergoed en T-shirts gooi ik
niet weg, maar gebruik ik als stofdoek of
poetslap om de auto te wassen. Niet
omdat ik zuinig ben, maar omdat ik
in recycling geloof.

WEG MET 'DE BESTE'- LIJSTJES'

Elke week vullen kranten en glossy's hun pagina's met lijstjes waarin de 'beste' gadgets, sofa's, lampenkappen, compostbakken, strandtassen en spaarlampen worden opgesomd. Ik blader de artikelen door en scheur ze eruit. Maar koop ik ooit iets? Nee, nooit. Ik wantrouw de smaak van de journalisten die de lijstjes hebben gemaakt. Voor hetzelfde geld hebben ze hun keus gemaakt op grond van een reclamebericht of een gratis verkregen voorwerp. Ik geloof niet wat ze schrijven, tenzij ik ze persoonlijk ken. Al die lijstjes zijn bedoeld om ons tot consumeren aan te zetten, en dat is een kwalijke zaak.

Al die keuzes die we ongevraagd krijgen voorgeschoteld maken het leven alleen maar ingewikkelder, terwijl we het juist eenvoudiger willen. Waarom is de ene mengbeker zoveel beter dan de andere? Waarom is die ene portemonnee de beste van allemaal? Of waarom is je leven niet compleet zonder dat setje theedoeken? Dwangmatig kiezen is een verslaving waarvan je moet afkicken.

HET LEVEN IS TE KORT OM JE ENERGIE TE VERSPILLEN AAN HET KIEZEN VAN DINGEN DIE WE NIET ECHT NODIG HEBBEN.

Een goede, zinvolle keuze, bijvoorbeeld van een auto, kleding of zelfs een huis, maak je op basis van je prioriteiten. Laat je niet gek maken door het duizelingwekkende aanbod. Laat je leiden door je persoonlijke wensen. Dat betekent niet dat je achterlijk, bekrompen of zuinig bent. JE BENT JUIST SUPERSLIM. Het is lastig, want mensen zullen je er op aanvallen, maar je zult meteen merken dat je je een stuk vrijer voelt wanneer je de overdadige keuzemogelijkheden uit je leven bant. Steun de winkels bij jou in de buurt of volg de tips van je vrienden op.

KOOP ALLEEN WAT JE NODIG HEBT VAN MENSEN DIE GEBRUIKSERVARING HEBBEN.

Volg je instinct. Luister niet naar het verhaal van een leerling-journalist bij een glossy of een ervaren journalist die de ruimte op een krantenpagina moet vullen omdat een advertentie werd afgelast.

REGELS, REGELS, REGELS

Behalve door eindeloze keuzemogelijkheden worden we ook nog eens constant geplaagd door regels op grond waarvan we zouden moeten leven. Wat dat betreft zou ik je op het hart willen drukken om je eigen plan te volgen en je leven niet te laten dicteren door externe invloeden, die vaak alleen gericht zijn op winst en niet op kwaliteit van leven. Dit boek is geen gebruikershandleiding met een lijstje tips die je kunt uitknippen om te bewaren en waarmee je je leven kunt (re)organiseren of zelfs verbeteren. Absoluut niet! Toen ik van school afging, hoopte ik voor de rest van mijn leven verlost te zijn van regeltjes. Ik ben iemand die grote moeite heeft met autoriteit en regels. Ik hoef maar te denken aan mijn kortstondige lidmaatschap van de padvinderij, mijn nog kortere periode als huiswerkbegeleidster op de middelbare school, mijn bijbaantje als winkelmeisje in Woolworth en de paar maanden als kansloze stagiaire in de ambtenarij.

IK HEB EEN HEKEL AAN REGELS, BEHALVE AAN DIE VAN MIJ.

Elke dag worden we zo ongeveer belaagd door zogenaamde deskundigen die ons vertellen hoe we ons leven moeten inrichten. De meeste irritante deskundigen zijn werkzaam bij de wereldkampioen betuttelen, namelijk de Britse overheid. Op onze wandelpaden staan overal borden met gezondheids- en veiligheidsvoorschriften, in de portieken van schitterende, middeleeuwse kerken staan grote lelijke borden met Verboden te Roken. Als je langs een willekeurige rivier loopt, stuit je op een bord waarop staat dat het water koud is – echt waar? Volgens de richtlijnen van het ministerie van Volksgezondheid zouden we twee ons groente en twee stuks fruit per dag moeten eten en zouden vrouwen niet meer dan veertien en mannen niet meer eenentwintig eenheden alcohol per week mogen drinken. Geen enkele van deze zogenaamde initiatieven heeft kunnen voorkomen dat jongeren excessief roken en drinken en dat het collectieve gewicht van onze natie dat van een miljoen jumbojets overstijgt. Dit bewijst eens te meer dat regels die van een afstand worden opgelegd niet werken.

De opwarming van de aarde gaat mij net zo aan het hart als ieder ander, maar ik wil niet door bemoeizuchtige regelneven tot 'bewust leven' worden gedwongen.

Eerst moeten we minder vliegen, meer gebruik maken van de trein en ons reisgedrag compenseren door een boom te planten. Dan krijgen we ineens te horen dat bomen planten geen oplossing is, omdat bomen de verkeerde gassen kunnen opvangen. Of het blijkt ineens dat sommige bedrijven die zich bezighouden met de vermindering van de uitstoot van broeikasgas, in plannen investeerden die eigenlijk helemaal geen milieueffect hadden. Kun je het nog volgen? Ik niet. Weet je nog dat we te horen kregen dat plastic draagtassen een ramp voor het milieu waren? De ene na de andere winkel besloot geen tasjes meer uit te delen of er geld voor te vragen. Toen kwam Sainsbury's op het lumineuze idee om modeontwerpster Anya Hindmarch een canvas tas te laten ontwerpen die voor zes euro te koop was. Op de zijkant van de shopper stond 'Dit is geen plastic tas' gedrukt. De tassen waren meteen uitverkocht en werden vervolgens op het internet voor 55 euro te koop aangeboden! Algauw bleek dat Anya's tassen onder erbarmelijke arbeidsomstandigheden in Chinese fabrieken waren gemaakt. Deze zogenaamde 'groene' tassen bleken dus afkomstig uit een land dat een van de grootste vervuilers ter wereld is. Geen wonder dat mensen zich elke dag afvragen of het wel de moeite waard is om principieel milieubewust te leven, terwijl ze weten dat de groene hype door het bedrijfsleven schandelijk wordt geëxploiteerd.

Ik weet dat fabrieken in China, Rusland, Oost-Europa en Korea giftige gassen uitstoten en vervolgens sta ik braaf mijn afval te scheiden met mijn verantwoorde canvas tas vol kranten, flessen en plastic. Soms vraag ik me echt af of het wel iets uitmaakt, vooral omdat het nut van recyclen regelmatig ter discussie staat. Ik koop toilet- en keukenrollen van gerecycled papier, maar mag ik dan wel papieren zak-doekjes gebruiken? Als de fanatieke milieuactivisten hun zin kregen, zouden we allemaal onze behoefte doen in een gat in de grond, oude kranten als toiletpapier gebruiken en compost maken van onze afvalproducten. Op onze daken zouden we allemaal een windturbine laten zetten. Een windturbine als individueel initiatief heeft geen nut, want je kunt de elektriciteit nergens opslaan. Bovendien worden windmolens door sommigen als landschapsvervuilers beschouwd. Waarom doen we niet gewoon wat zuiniger met energie? Bovendien hebben de enorme offshore wind-molenparken die langs de kust in Groot-Brittannië verrijzen, nog een nadeel waar-over in regeringskringen liever wordt gezwegen: de bouw en plaatsing van de grote verwerkingscentrales, die vaak worden gebouwd in de afgelegen kuststreken die juist bekendstaan om hun uitzonderlijke landschappelijke schoonheid. Dergelijke bouwsels zijn in mijn ogen even lelijk als kerncentrales, maar omdat het om groene energie gaat zullen de verantwoordelijke ministers de bezwaren van de omwonen-den gemakshalve wegwuiven.

ALS JE BESLUIT MILIEUVRIENDELIJK TE LEVEN, ZUL JE OP MEER VRAGEN STUITEN DAN OOIT BEANTWOORD ZULLEN WORDEN.

Je kunt je bijvoorbeeld afvragen of het goed is om bonen te kopen die uit Kenia worden ingevlogen. Enerzijds is al dat vliegen slecht voor de ozonlaag en de bonen zullen niet meer helemaal vers zijn als je ze koopt, maar anderzijds helpen jouw euro's de arme boerengezinnen aan onderwijs en voedsel.

DAGELIJKS WORDT DE ENE REGEL DOOR EEN ANDERE OPZIJGESCHO-VEN. GEEN WONDER DAT WE IN DE WAR ZIJN.

Weet je nog dat boter slecht voor je was en dieetmargarine helemaal 'in' was. Ineens werd bekend dat die magere smeersels alléén je cholesterol niet kunnen verlagen en prompt moest de boter weer op tafel. Nu wordt weer verkondigd dat het mediterrane dieet tot vermindering van hartklachten leidt. Een mediterraan dieet werkt alleen in het Middellands Zeegebied, waar het is ontwikkeld op basis van lokale seizoensproducten. Het is nogal dwaas om dat in de winter ergens in Schotland of Yorkshire te imiteren.

Regels zijn bedacht door reclamemensen, die hun producten willen promoten.

Het merendeel van alle zogenaamde wetenschappelijke onderzoeken waarover je in de krant leest of via radio en televisie hoort, wordt gesponsord door belangenorganisaties, zoals fruittelers die meer bosbessen willen omzetten en groenteboeren die meer kool en broccoli willen slijten. Artsen schrijven vaak pijnstillers en andere medicijnen voor omdat ze door artsenbezoekers onder druk worden gezet. Ze zeggen dat spruitjes goed tegen kanker zijn en frambozen goed voor je hart. Broccoli is goed tegen alles en van vette vis blijven je hersens jong. Het grappige is dat velen van ons dit allemaal voor zoete koek aannemen. Er is inmiddels een onafhankelijke organisatie in het leven geroepen, die het wetenschappelijke gehalte onderzoekt van alle beweringen die ons dagelijks worden aangepraat. Op hun website (www.senseaboutscience.org.uk) kun je hun bevindingen nalezen.

DE 'REGELS' DIE IK JE IN DIT BOEK WIL MEEGEVEN ZIJN VEELEER SUGGESTIES OM JE LEVEN TE VEREENVOUDIGEN. IK GEEF JE DOELEN OM NA TE STREVEN, GEEN BEVELEN DIE JE BLIND MOET GEHOORZAMEN.

Of jij nu wel of niet milieubewust boodschappen doet en je huishouden runt moet je helemaal zelf weten.

VEEL BELANGRIJKER IS DAT JE JE NIET LAAT KOEIONEREN, VOORAL NIET DOOR MENSEN DIE HET IN DE EERSTE PLAATS OM JE GELD TE DOEN IS EN OP DE TWEEDE PLAATS OM HET MILIEU.

STEL JE EIGEN REGELS OP EN VERANDER ZE, ALS JE DAT NODIG VINDT.

We zijn geen nonnen of monniken uit de middeleeuwen. Het is leven bestaat uit een afwisseling van werk en plezier. Geniet van het leven. Leef volgens je eigen ethische normen, je eigen principes en bekijk bij welk consumentengedrag jij je prettig voelt. Voel je niet schuldig.

TOT SLOT...

Dit boek is bedoeld om je een goed gevoel over jezelf te geven. Het leven is geen aaneenschakeling van examens waarvoor je steeds maar een onvoldoende haalt. Het is juist een geweldige kans om je individualiteit te vieren. En vooral... blijf lachen en bedenk dat je godzijdank niet hoeft te voldoen aan een of ander volmaakt beeld. Kijk maar eens goed naar beroemdheden zoals Victoria Beckham. Zien zij er zo gelukkig uit?

Het leven is te kort om voortdurend op dieet te zijn, je vertwijfeld af te vragen of je kleding wel door de beugel van de modemaffia kan en of je handtas wel trendy genoeg is.

NEEM JE LEVEN IN EIGEN HAND EN TREK JE NIETS VAN AL HET GEKLETS AAN. SUCCES!